安心

上班族 **40** 則安心指引

禪

Peace
of Mind

聖 嚴 法 師

法鼓文化編輯部 選編

安心工作沒煩惱

工作不可能沒有煩惱，但我們不要將煩惱視為困擾，要當作是成長動力。只要學會調心的方法，就能化解工作中的煩惱，讓你安心工作。

上班族如何找到安心的方法呢？禪法是非常安全實用的安心法，任煩惱千變萬化困擾人心，都能讓我們看穿煩惱心的本來面目，轉煩惱心為智慧心。面對不安的心，要先找到無法安心工作的原因，然後再運用適合自己的方法來調心。

很多人以為不安的原因都來自外在環境，例如事業風險高、同事難相處……，其實不安的關鍵在於自己的心，心安定了，環境就會平安，

不再覺得職場如戰場。由於我們平常沒有觀察心念的種種變化，沒有鍛鍊心性的方法，所以一遇到問題時，便心亂如麻。擾亂心的不安情緒，即是佛法所說的「煩惱心」，包括了貪心、瞋心、癡心、慢心、疑心，如果能認識自己的心性特質，並運用方法調心，便能轉為「智慧心」。

本書針對上班族常見的煩惱問題，將聖嚴法師著作中的精彩開示彙編成書，量身為不同上班族群的不安困擾，提供安心之道。聖嚴法師除提供多種快速收心法，讓心恢復平靜，並針對不同面向的問題，提供深具啟發性的安心觀點，讓我們輕鬆轉危為安，學習以平常心面對工作。

當我們有了安心之道，工作抱持盡心、盡力、盡可能學習的態度，就能境隨心轉，將煩惱轉為成長動力，隨緣自在，隨時安心！

—— 法鼓文化編輯部

目錄

馬上體驗　呼吸禪

練習前的小叮嚀

1. 上班族長期累積壓力，容易產生文明病，需要找到釋放壓力的方法。其實每個人天生都具備一種不假外求的能力，能有效釋放壓力，那就是呼吸。因此，特別設計「呼吸禪」，讓大家在閱讀本書前，體驗呼吸，舒緩心煩不安，體會安心自在。

2. 呼吸禪可隨時隨地用於調心，感到情緒不穩、徬徨不安，或發生爭執時，可立即應用安心。很少人想到生命就在一呼一吸間，如果一口氣上不來，就會失去生命，還有什麼放不下的煩惱？仔細體驗呼吸、欣賞呼吸，你會發現每一次呼吸都是全新的生命！

❈ 呼吸的要領

當人帶著不安的情緒工作時,躁動的心會像火車頭帶動不安的想法、行為,讓人講話不耐煩,怒氣攻心,失去理智。如果能將注意力放在呼吸上,透過呼吸,不但可以清楚覺察身心變化,而且能轉化起伏的情緒,讓人從情緒當中抽離出來,恢復平靜。

體驗呼吸,應掌握兩大要領:

一、保持自然的呼吸

體驗呼吸時,要讓呼吸處在平靜而自然的狀態,不控制呼吸。情緒波動時,藉由呼吸可知道自己當下的身心狀況,是否有情緒煩惱?不妨先做幾次深呼吸,讓身心恢復平靜,再回到自然的呼吸。

二、知道呼吸的進出

體驗呼吸從鼻孔出和入的感覺,不必管呼

吸的深與淺、快與慢，只要知道呼吸在鼻孔進出的感覺。呼和吸就像飯店門口進進出出的客人，而注意力就是服務員，輕輕鬆鬆地守在鼻端，不必跟著心裡的情緒和想法而離開崗位。

❀ 呼吸的步驟

體驗呼吸的方法很簡單，隨時隨地皆可運用，讓心放鬆休息，不想事情。如果心裡有情緒煩惱，可用呼吸禪化解。

練習方法時，站著或坐著皆可，選擇讓身體感覺舒服的姿勢放鬆即可。

放鬆頭腦、放低視線，不要想著不愉快的事。做三次深呼吸，以舒緩壓力與情緒反應，可用鼻子吸氣，嘴巴吐氣。心情較為平緩後，再把注意力放在鼻端，體驗呼吸自然進出的感覺。呼吸進，知道呼吸進；呼吸出，知道呼吸

出。

體驗呼吸時，心裡如果出現念頭，不做判斷或覺得討厭，也不繼續想下去，把注意力輕輕地帶回鼻端。

體驗呼吸的時間長短，可依個人狀況做調整，呼吸禪的重點是清楚知道呼吸，知道自己心的變化，對於任何狀況都欣然接受，心就可安住當下。

——法鼓山禪修中心 提供

安心禪

Peace
of Mind

01
CHAPTER

為何一上班就
心不安？

　　有些人在平常時候，心還可以比較安定，但是只要到了工作場所，心就開始不安了。在工作環境裡之所以心不安，可能是你根本不喜歡那份工作，也可能工作太繁重，或同事帶給你困擾、你那天心情不好，也可能早上起來有點感冒受涼，到辦公室後昏昏沉沉的，可能的原因很多，若能找出癥結，問題就比較好處理。

✿ 只要盡心盡力就好

　　如果是上班前剛跟先生吵了架，這就很容易解決，只要想：既然現在先生不在這裡，不需

要把家裡的壓力帶到辦公室來。如果是感冒引起心浮氣躁，頭腦、胃都不舒服，眼澀背疼，整體表現很差，這時候更不必難過，要知道身體不好時本來就是會這樣，不必勉強，可以念阿彌陀佛聖號來安定身心，或是心平氣和地告訴自己：我現在感冒不舒服，只要盡心盡力就好，接受身體不舒服的現況，心情也就不會那麼不安了。

如果原因是跟同事發生不愉快，你就想：他大概身體不舒服吧！也許今天跟家人發生了不愉快，或是他有心事，也可能是工作得不很順利，所以給我臉色看；或是這個人性格一向如此，只要碰到他，就令人不舒服。明白這是客觀環境的問題，不是我的問題，心裡還會不安嗎？

其實，工作裡很多的壓力主要來自對彼此的「要求」，我們要求別人，給別人造成壓力，別人也要求我們，對我們構成壓力。另一個原因

就是「比較」的心態，同事之間的比較以及企業之間的競爭。如果團隊不能表現得特別好，在激烈的競爭裡就可能會落敗。我們經常看到景氣不好時，很多企業面臨生存的掙扎，競爭壓力非常大。

❀ 接受商場中的無常

在這樣的工作場域，如何追求心安呢？一個是盡其在我，自己努力成長，要非常用心了解、熟悉整個工作環境和內容，然後才能熟能生巧。與他人相處也一樣，別人不了解你，你就去了解對方。若自己是老闆，更要明白商場就像戰場，情況瞬息萬變，接受商場中的無常。

我們心裡隨時準備迎接挑戰也迎接挫折，並且隨時迎接成長。挫折和成長是相輔相成的，

挑戰不一定是壞事，挫折也不一定不好，即使連連受到挫折，也不要認為是負面的事，它換取了經驗，也等於是繳了學費。如果汲取經驗之後還是沒有辦法解決問題，只好接受自己的因緣福德不足的事實。

看到別人有機會，但是當自己跟上去的時候，機會就沒有了；跟人家打球時，還在想這個球我要不要接？結果球一下子就被別人接走了。面對這種情形，有的人就怪自己笨，手腳、頭腦反應慢。若是先天如此，那就考慮改行，改行就是找新的路走，嘗試換一個位置、崗位。然而有的人卻不管青紅皂白，只顧一頭闖進去，闖得頭破血流、拚得你死我活，到最後不成功便成仁，這種只進不退的魯莽脾氣，真是愚癡。

所以，我們要了解自己的才能，知道自己所處的因緣、時間、環境，是不是我應該做、能

夠做的？能夠清楚自己、了解自己，也就是了解
因緣，便能在工作中安心。

──

（選自《工作好修行》）

禪一下｜遇到倒楣不如意的事會心平氣和；
遇到平步青雲，
一帆風順的時候，
仍會虛懷若谷、謹慎小心。
只要時時努力，
不必擔憂未來的前途。

02
CHAPTER

做自己的主人

日本禪師鈴木俊隆寫過一本英文書，書名叫作 *Zen Mind, Beginner's Mind*《禪心初心》。意思是說，禪的心，就是初發心。所謂初發心，就是從自我開始，不斷地跟自己在一起，跟自己約會。然後，要放下自我，這才是最後的目標。

✢ 飄蕩不定的心

我，是不實在的，因為一般人的心，都不是跟自己在一起，而是跟自己以外的東西在一起。譬如現在的環境、過去的回憶、未來的想像。所以類似「依草附木」的遊魂，沒有自己固定的身

體，它們飄蕩不定；孤魂野鬼，依靠草木為身、為家、為自己；但是，那不是無我，而是沒有辦法安定下來做自己的主人。

禪修者，不要管過去、未來，以及所有一切的好壞，最好只管你自己的現在。簡單地說，就是「生活在現在」、「開始在現在」、「佛就在現在」。最後，連「現在」也要放下，才是真的悟境現前。

❀ 充滿活力的心

現在，是有活力的，有力量的；不是呆板的，死氣沉沉的。

現在的每一個念頭，都是新鮮而有趣味的，都是新的開始，沒有需要後悔的事，沒有值得自負的事。

如果，能感受到自己時時都是在開始，就

不會有時間去妄想，或者是昏沉。因為，人如果離開了現在的立足點，即使活著，已沒有立場，也是一個沒有自主能力的人。

——

（選自《禪鑰》）

禪
一
下

練習到隨時都能夠做自己的主人。
既不受外面好壞環境影響，
也不受內在煩惱起伏困擾。

心不安是
自尋煩惱嗎？

　　禪宗有一個故事，是初祖菩提達摩和他的
弟子慧可禪師之間的對話。慧可禪師老是覺得心
裡問題很多，希望菩提達摩能夠幫他安心。於是
菩提達摩問他：「你的心在哪裡？把你不安的心
拿出來讓我看一看！」結果他找不到自己的心，
這時菩提達摩就告訴他：「我已經替你把心安好
了！」

✺ 找到內心不安的原因

　　人之所以內心不安的原因，歸結起來不外是
嫉妒心、擔心、瞋恨心、憤怒心、貪心，以及種

種矛盾衝突。這衝突包括自己與自己，或自己與他人之間，以及現實和想像或期待之間的落差。

譬如嫉妒心，有時我們看到別人的表現好，心裡就會不舒服，其實別人有好的表現應該要讚歎歡喜，感同身受。而且對別人的成就，我們也可沾一份喜悅，甚至起而效法。與其嫉妒別人，不如去了解他人能夠成功的原因，並且看看自己要怎麼做才能夠像他一樣優秀。但是，有時別人能得到的，也許自己付出了同樣的努力還是得不到，這時就要想到可能是因為自己的因緣福報不夠，只要再努力，然後加上因緣福報的促成，自然就會成熟了。

所以別人的成功，一定也是辛苦努力來的，即使不是這一生的辛苦，也是過去生累積而來的。有的人會對別人生來有錢、有地位，感到不服氣，覺得自己辛苦一輩子，既沒有錢，也沒有

福氣。這時我們就要想到，這是別人過去世努力修來的結果，不用羨慕，也不需要嫉妒。另外，貪心也是常使人心不安的原因，能夠得到的不叫貪，得不到的卻想要，這才是貪。貪得無厭是很痛苦的事，其實能夠得到的自然會來，所謂水到渠成，根本不必挖空心思去想、去和別人爭，只要努力去經營，自然會開花結果。如果成果沒出現，表示因緣尚未成熟，也不必為此難過。能夠這樣想，就可以消除因貪而產生的痛苦了。

✿ 何必自尋煩惱？

事實上，內心不安，多半是庸人自擾，自尋煩惱。當覺照到心不安的時候，可以先了解心為什麼不安？找到原因之後，就會發現很多煩惱都是沒有必要的。例如參加聯考，有的人考完試，每天等著放榜，心裡等得很不安，一直在擔

心會不會上榜？究竟考上哪裡？這時如果能轉念一想：「反正都已經考完了，擔心這麼多也無濟於事。至於放榜以後究竟會怎麼樣，到時候再來打算，現在擔心也沒有用。何必自尋煩惱？」這樣一想，馬上就會心安，覺得自己的胡思亂想真是無聊！

所以，人不安心的時候，可以反思，問問自己不安的原因是什麼？如此一反問，很容易就會發現往往只是自己想太多，事實上，沒有什麼值得煩惱和難過的。經過這樣的省思，心就會安定下來。此外，內心不安的時候，也可以念「阿彌陀佛」或「觀世音菩薩」聖號，將心、念頭安住在佛號上，不再去想那些煩惱的問題，心自然會慢慢安下來。

——

（選自《放下的幸福》）

平息煩惱心

　　佛法說，每個人的心在本質上是相同的，我們稱它「心念」，也就是「情緒」，有的人善於應用，有的人不善於應用，善於應用的人叫作智者、有智慧的人，不善於應用的人叫作愚者。

　　在工作場所，一定有跟自己相關的人，包括同事、老闆、客戶，這些人都有可能讓我們無法稱心如意、讓我們感到不舒服，於是就產生情緒上的反彈，也就是抗拒。抗拒後接著就是抗爭，抗爭後就變成鬥爭，鬥爭後就變成戰爭了，這都是源自於情緒的問題。因此，佛法要我們知道，每一個人都有不好的情緒，叫作「煩惱心」。煩

惱心需要透過方法的練習、觀念的疏導，才能使我們的情緒平穩、心靈平靜、煩惱平息。

❀ 鍊心有方法

那麼我們應該用什麼樣的觀念來鍊心呢？首先要認識人的差異性，認定人與人相處一定會有摩擦；因為每個人都有其個別性、獨立性，想法不一樣、立場不一樣、觀點也不一樣、需求也不一樣。而且我們對自己都無法十分了解了，更何況是去了解另外一個人的想法和看法。對一件事情發生的原委，更不可能絕對清楚，我們常常都只是站在自己的立場來猜想，並站在自己的立場為對方下結論，這是不公平的。

❀ 心平氣和

如果能認清這一點，那麼在觀念上就一定

能轉得過來，就能心平氣和了。要是心還是不能
平、氣還是不能和時，該怎麼辦呢？那就要用方
法了。可以念「阿彌陀佛」聖號，這是最簡單
的，當你曉得自己在念阿彌陀佛，不要把念頭老
是繫著對方，不要把對方當成對象，要轉移自己
的念頭，把它放在念佛上，念佛的時候心向內
看，不要老是對著外境放不下，這樣練習下來，
情緒也會跟著平靜下來。

——

（選自《工作好修行》）

| 禪一下 | 以慈悲心對待人，以智慧心處理事。
讓他人不快樂，是沒有慈悲心；
讓自己不快樂，是缺少智慧心。 |

05

境隨心轉能
轉敗為勝

　　「心隨境轉」、「境隨心轉」這兩句話，我經常拿來勉勵自己，也用來為信眾、弟子打氣。通常，我們凡夫都是會心隨境轉的。

　　舉例說，大多數的人不喜歡下雨。比如法鼓山正在整地興建學校，只要看到天空烏雲密布，工程人員就愁眉苦臉，因為一下雨，再等地乾，至少兩天不能工作，工期就會延宕，成本也提高了。所以，因為個人的利害和所處狀況，人的心情就會隨著這些條件而變化，這就是心隨境轉。

　　但是，同樣是下雨天，作家琦君女士在一

篇散文裡，卻說她喜歡下雨天呢！因為她會想起小時候，下雨天躲在母親懷裡聽故事的情景。她一樣一樣地把下雨天的溫馨回憶舉出來，她的內心也因為下雨天而出現一幅幅美麗的圖畫。下雨天對她來說，真是太好了。這也是心隨境轉，心隨著外面的環境，轉到好的方向去了。

✹ 改變自己面對環境的態度

生活裡充滿這樣的例子。有的人明明知道沒有辦法跟別人競爭，試一下卻幸運得勝，敗部復活，讓他非常高興；有人明明實力很強，但競爭結果沒被錄取，內心非常痛苦。這都是心隨境轉。

「境」包括人、事、物，都可能影響我們的心情起伏。受外界因素影響心情變化，是非常痛苦的事，但真能做到「境隨心轉」嗎？事實上

是不太可能的，因為人、事、物都是外在環境，天有不測風雲，個人力量很難完全掌控。但是，我們可以改變自己面對環境的態度，收伏起落不定的心情，也就能轉劣為優，轉敗為勝。

❀ 往好處想，往壞處準備

我有個信眾在海邊用有機方法種稻，但去年連連發生問題。先是出現福壽螺，接著又有蟲害，當他以為收成無望時，害蟲的天敵出現，兩、三天就把問題解決了，後來稻子收成不錯。他學到經驗：任何事都要往好處想，往壞處準備；能解決就解決，不能解決就面對它、接受它、處理它、放下它。

有一位瓜農，木瓜還未收成前就被焚風破壞了。我跟他說，靠天吃飯的人，天給飯吃要感謝；天不給，也不用恨，因為這不是人可以掌控

的事，但心情卻是自己可以掌控的。

　　不要天真地以為人定勝天，環境一定會照人的心意而改變，能改變的其實是自己的態度。如果今年收成不了木瓜，明年就什麼也不種，這樣到了最後就什麼都沒有了。

──

（選自《方外看紅塵》）

| 禪一下 | 如果自己的心，
時時刻刻被環境所左右，
被環境所困擾，那就是凡夫；
反之，心能轉境，則是聖賢。 |

為何心不安？

　　人心不安的原因就是沒有安全感，也就是有一種不確定感，不知何時會發生危機。另外，並不是現代人才特別容易不安，而是人世間的每一刻都是不安定的。不過，有不安的危機感未必是壞事，面對危機，假如胸有成竹，知道應對方法，心就會安；但如果不知道何時會有危機發生，也就是對未來沒有把握，也沒有能力應對時，就會覺得恐慌。所以，只要有隨時面臨危機的心理準備，就不會如此不安了。

　　所有宗教都有其共通性，雖然它們所採取的儀式及所誦的經典略有不同，但是所產生的功

能是相同的。以佛教而言，所謂安心，可以分成「有心可安」及「無心可安」兩種層次。「有心可安」就是無論自己心安不安，仍應每天做「功課」，所謂「功課」，是指佛教徒每天都要做的「早課」及「晚課」。晨起時，首先要在佛前拜佛、誦經，晚上就寢前也有晚課，用膳時，也有叫作「供養」的禱告儀式。

❋ 時時提起正念

此外，無論在任何場合，時時念一聲「阿彌陀佛」，例如他人發生意外，不管是否與自己有關，一旦知道就念一聲「阿彌陀佛」，這句話就像是西方人說的「God Bless You」的意思，能夠使人安心。另外，還有誦經、拜懺及打坐等功課，這些最好是每天都做；如果能經常處於這種宗教氛圍中，時時提起正念，對於世間所發生的

種種狀況，就不會受到太大的影響。

　　例如，突然被醫生宣判已經是癌症末期，如果發生在沒有宗教信仰的人身上，會感到非常痛苦及害怕；如果有宗教信仰，就不會過於擔憂，因為他知道生命無常，而且死亡不是人生的結束，所以恐懼的程度會減少許多。如果能抱持這種心態，就比較不會影響病情，而使病情更惡化。許多人都是自己嚇自己、過於煩惱，所以生病後很快就過世了。因此我常勸人：「生重病時，把病交給醫生，把命交給佛菩薩，這樣一來，自己沒有事，還有什麼好痛苦的呢？」

❋ 事出必有因

　　還有，我們要相信因果，任何事情發生，都有它的原因，只是因為人類愚癡，所以不知道是什麼原因。但事出必有因，既然有原因，就不

必怨天尤人，因為該發生的事一定會發生，而不該發生的事，一定不會發生，所以也沒什麼好不安心的。

最好的安心方法，就是為了使眾生得到平安而努力。因為關心眾生的安危，就不會執著於自己，自己的問題也就不存在了。所以只要將個人奉獻給眾生，就能放下我執而得到心安。

——

（選自《不一樣的生活主張》）

> 禪一下
>
> 若用無住的直心生活，
> 便可時時都是身心健康、快樂、
> 平安的時間，
> 處處都是身心健康、快樂、
> 平安的空間，
> 所遇的人、所見的物、所做的事，
> 也就無一不是好人、好物、好事了。

07

盡心、盡力、盡可能學習

　　工作就是活動！要動才能活，活了才能夠動，但是這個動不是輕舉妄動，而是有一定的規則、目標和方向的動。很多人工作起來雜亂無章，把原本簡單的事情變得繁雜不堪；有智慧的人做事有條不紊，能夠抽絲剝繭，把原本困難的事情處理得清清楚楚。事情本來就有本末始終、輕重緩急，如果能夠掌握得宜，就可以處事自在了。

　　不過，每個人的體能、智能都不盡相同，即使親如兄弟姊妹也是如此，不同的體能、智能，就有不同的學習能力及工作效率。不要和更優秀

的人比較，比較是一種不好的心態，比輸了，會讓人垂頭喪氣，失去自信心；比勝了，又會讓人志得意滿，不但傷人而且傷己。

❀ 以平常心來工作

以平常心來工作，是較正確的態度，在此有三個觀念，可以幫助我們以平常心做事，這三個觀念就是：盡心、盡力、盡可能學習。

無論從事何種工作，都要盡心盡力，遇到力有未逮的時候，就要盡可能地學習，不要做無謂的比較。學習是永無止境的，好還可以更好，反過來說，差也是沒有極限的，不注意的話，差的還會更差。所以我們要盡心、盡力、盡可能學習，這就是以平常心來工作。

❀ 為了工作而工作

有些人是為了報酬、名位而工作，這種觀念並不全然正確。當然，我們都需要薪水來維持生活，但這不是工作的主要目的。工作，應該是為了盡一份對社會的責任，以互助合作的方式在工作崗位上，奉獻出自己的才能、體力，所以不一定是為了薪水，而是為了工作而工作，這就是敬業精神。

———

（選自《工作好修行》）

禪一下	面對任何人時， 一定要在心平氣和的態度下， 尊重他，關懷他； 在肯定他人幫助他人同時， 也肯定了自己。

08
CHAPTER

平心靜氣
處理麻煩事

　　我們一定要平心靜氣來處理麻煩事。假如有人在你面前，威脅你的生命，這時候絕對不能慌張。愈慌張，就愈危險。我常講，兵來將擋，水來土掩，一時解決不了的問題，兜個圈子還是解決了，何必那麼痛苦？

❀ 該做什麼就做什麼

　　我有一次遇到一件非常棘手的問題。有一個人天天不斷地打電話給我、親自來找我，甚至用武力威逼我。不過我照樣處理每天要處理的事，雖然問題還是擱在那裡，猶如芒刺在背上、

有沙子在眼裡。

背上有芒刺不能拿掉是滿痛苦的事，但是飯還是要吃，覺還是要睡，要做的事還是要做。如何拿掉芒刺，光在那兒想是沒有用的，得趕緊設法找人幫忙才行。

可是，漫無目標地找人幫忙也有問題，可能反而會手忙腳亂。找對人幫忙是非常重要的。找對人，芒刺可拔掉；找錯人，不但芒刺拔不掉，或許還會愈陷愈深。

❀ 求助要找對人

記得我在美國的東初禪寺，有一位義工來替我們做水泥工，一不小心，一粒沙子掉進他的眼睛裡去了。他心想揉一揉眼睛，沙子就會和著淚水跑出來，豈知沙子沒出來，反倒愈嵌愈深。

我知道後趕緊吩咐旁邊的人送他去看眼科

醫生，眼科醫生一下子就處理掉了。本來所有的人都慌成一團，急得不知道該怎麼辦？聽了我的意見之後，送他到眼科醫生那兒，不到兩分鐘就處理好了。

所以凡事先不要著急，找對了人，用對了方法，一定可以安然過關的。

——

（選自《是非要溫柔》）

09
CHAPTER

以慈悲和智慧
處理各種衝突

　　從中國的哲學和印度的佛教，來看和諧與衝突，乃是同一個問題的兩種面向，都是正常的現象。中國哲學的陰及陽的互動，金、木、水、火、土的五行互動，既有互相衝突的關係，也有互相繁榮的關係；彼此抗拒和爭奪，便成破壞衝突；彼此配合和包容，便能共生共榮。

　　佛教主張的緣起論，認為人生宇宙的一切現象，都是由因緣生起，也是由因緣消失的，不論是自然現象、社會現象、物質現象，乃至人的生理現象及心理現象，無一不是存在著矛盾和衝突的事實，同時也存在著妥協與調和的事實。

❀ 智慧不起煩惱，慈悲沒有敵人

問題是，我們應當以什麼樣的心態來面對這些事實，又當用什麼樣的方法來處理這些事實？若以我們的認知，應當以智慧來處理一切的事，又當以慈悲來對待一切的人；不要為自身製造困擾，便是智慧，不要為他人造成傷害，便是慈悲。若能調整心態，以事實的本身看待事實，便是智慧，調整心態，以包容、體諒對待他人，便是慈悲。有智慧，便不起煩惱，有慈悲，便沒有敵人。

因為，以我們的認知，對於矛盾與衝突的感受，對於邪惡與不正義的評斷，對於苦與樂、幸與不幸、乃至貧窮與富足等的衡量與感受，都可能是主觀的，都可能是因人而異、因地而異、因時而異的。

只要心態調整了，想法調整了，便可化解

心中的委屈、忿怒、不平，如果心安便得幸福和平安。

否則，人人向自然環境求滿足，人人向社會環境求公正，人人向不同的族群求公平，人人向家庭的成員乃至兩性的關係之間講邏輯、求平等，當然會有若干程度的效果，但其終究還會有外在的衝突和自心的矛盾。

✿ 寬恕對方

我處理過不少衝突事件，我每次都見到發生衝突的兩方人員，都會覺得對方是加害者，自己是受害者，都認為為了討取正義及公平，必須採取報復的行動；縱然經過分析討論之後，被判斷為理虧的一方，也會覺得非常地委屈。

我的處理方式是告知他們：若以報復做為懲罰對方的手段，不是最好的方法，甚至是最壞

的方法。只要雙方都能付出尋求和平解決的誠意，便能以寬恕對方，來避免自己遭受第二度乃至第三、第四度的傷害了。

——

（選自《致詞》）

> 禪一下
>
> 有了慈悲，
> 便不見有可惡的敵人，
> 有了智慧，
> 便不起猜疑及恐懼等煩惱。

10

疑心與信心

疑心重的人常常猶豫不決，有的是對自己沒有把握，有的則是對他人沒有信心，所以對任何事情都優柔寡斷。

因為他們沒有自己的中心思想，也沒有一定的目標、方向和標準來做為自己立身處事的原則，所以隨時隨地對任何事情都產生懷疑。不管別人對他再好，他都可能會朝負面的方向來想。因此，一個疑心重的人，做任何事情都不容易成功。

通常我們形容這種類型的人為「狐疑」，就是說他像狐狸一樣狡猾。狐狸可說是最沒安全

感的動物，所以便拿牠來形容對任何事情都站在懷疑態度思考的人——不是懷疑別人會對他不利，就是懷疑事情會有變化。

✿ 有信心才能安心

我們說人要有信心，指的是要相信自己、相信別人，以及相信事實。所謂相信，是對人或事已經有一些把握、有一點了解，就如常言所道：「知己知彼，百戰百勝。」這樣你才能夠有信心。如果你自不量力，盲目行事，到時候很可能會經常處於自我懷疑的矛盾中。

舉例來說，《大法鼓》節目邀請陳月卿小姐當節目主持人，自然是相信她一定有這個主持能力。但是我和陳小姐能不能配合，以及能夠配合到什麼程度，就要靠我們之間的信任程度。所以，我們在上節目之前，會先溝通、了解一下這

次要談的主題是什麼;如果完全不了解,那根本就無法對談。這樣的態度是認真、謹慎的,目的是希望把事情做得更好;希望完成這件事情時,彼此不論在做事或是相處上,都能很愉快。

因此,我們做任何事情都要有預備工作,也就是一般人所說的蒐集、研究資料;有充分的了解和分析後,我們在進行過程中便會少一些挫折,並且多一些成功的條件和希望。

其實這些研究、調查,或是謹慎的心態,也是起於對事情的懷疑、不了解,就如西方所說的「懷疑是學問之始」。但這種疑是求知,和前面所說的疑不同,因為不知道是怎麼一回事,所以想了解、追求。例如對宗教的信心,我們原本因為不了解教義,所以只有相信。但是你如果一邊懷疑,一邊還在求神拜佛,那你求他還有什麼意義?

❀ 疑者不用，用者不疑

　　另外，不要將「疑」運用在人際關係上，也就是一開始交朋友時，就要信任，如果有疑心，那就乾脆不要交這個朋友。不過在交往後，也沒有必要把自己的底牌全部露出來，這樣反而容易讓朋友起壞心眼；他本來不一定有壞心眼的，結果因為你的關係而增長了壞心，對他不是很不公平嗎？所以與人結交時，一定要先相信對方。用人也是一樣，所謂「疑者不用，用者不疑」，但是在用人的過程中，仍然要小心謹慎，這樣才能讓人才有發揮機會，把事情做好。所以，信和疑雖然是相對的，但也是相輔相成，有信才能夠完成事情。你如果對人沒有信心，只有懷疑，就會老是在原地踏步，事情自然也就成功無望了。

———

（選自《放下的幸福》）

怕也沒有用

　　所謂恐懼，指的是當我們面臨著危險的情況，或者是知道即將有非常危險的情況發生時，心理所產生的不安、憂慮。雖然我不是心理學家，但我知道恐懼是一種很可怕的心理狀態，比沒有安全感更加嚴重。中國古代有一些成語故事，像是杯弓蛇影、草木皆兵、風聲鶴唳，都是恐懼心理引起的。

✿ 到底在恐懼什麼？

　　每個人多多少少都有恐懼心，有的人害怕死亡，有的人則是恐懼孤獨。而有恐懼症的人多

半是因為曾經受過驚嚇，像有些人因為從小被父母凌虐，即使已經長大，他的心中仍然會不斷有恐懼的影像出現。有些人則常常做惡夢，夢到自己被追殺，或是掉到水裡、火坑，所謂日有所思、夜有所夢，這也可以看出因為他的心裡常有恐懼感，任何時候都覺得很害怕。

此外，有的人在打坐的時候，也會有恐懼感產生。為什麼像打坐這樣安靜、安全的環境裡，還會有恐懼呢？到底在恐懼什麼？這種恐懼感，會讓人覺得背後好像隨時有什麼鬼來找他一樣。其實，這與生命沒有安全感、沒有保障是有關係的。

※ 疑心生暗鬼

有人說疑心生暗鬼，恐懼心嚴重時，甚至還會讓人因憂慮過度致死。例如有人罹患癌症，

他的親屬怕他擔心，以為他不知道病情，就可以活得久一點，所以故意隱瞞病情。這聽起來好像有點道理，但是如果能解除病人的恐懼心，知道真實病情的病人不一定就會死，所以不一定要隱瞞他，甚至不隱瞞會比隱瞞更好。因為病人如果能夠很清楚自己的身體狀況，才知道要如何調養，這樣死亡可能會離他比較遠一點。

因此，恐懼這種心態如果能夠解除是非常好的，如果不能解除的話，則是很危險的事。所以，對於一些經常感到恐懼的人，我都會告訴他們：「你不要怕，怕也沒有用。」因為恐懼反而會讓問題更嚴重。所謂「當局者迷，旁觀者清」，當局者迷的原因就是怕，因為擔心自己利害得失的問題，一直恐懼會發生什麼事情，結果真的就發生了。但是旁觀者因為沒有這層恐懼，反而可以正常地處理事情。

由此可見，恐懼對我們的身心影響極大，不僅會讓你的身體受到很大的危害，同時也會束縛你的生命潛能。保持旁觀者的客觀，比較能解除心理的恐懼。

——

（選自《放下的幸福》）

禪一下

對於無常的現實，
只要能夠未雨綢繆，
盡量清楚明白自己的處境以後，
就不要再把心力用在擔心、害怕上。
因為恐懼既然沒有用，
那又何必恐懼呢？

如何袪除恐懼？

　　有一位曾當過警官的人，第一次去香港時害怕極了，擔心在香港下機時沒人來接他。

　　他緊張地問我：「我既不會說廣東話又不會講英語，到了香港沒人接機怎麼辦？」

　　我說：「沒有關係，你把你朋友的中、英文地址與電話號碼抄下來，如果下機看不到朋友，可以打電話問。」

　　結果他又擔心身上沒有港幣，不知道怎麼打香港電話，而且可能連電話都找不到。

❀ 不需要怕

我就對他說：「你不要怕，你在香港機場看到穿制服的人，可以找他幫忙；如果你不會講廣東話或英文，可以給他看你朋友的聯絡資料。」

後來他到香港時，一下機就看到他的朋友，讓他的種種恐懼一掃而空。其實，不需要怕成這樣。

對我來說，到任何一個地方都是陌生的。我來到這個世界，是一個人來的；我出家、讀書的時候，也是一個人。一個人的時候就要想到，這世界上的每一個人都是一個人，只要很誠心地與別人相處，不要把別人當成陌生人，那麼這些人就不是陌生人，也就不需要恐懼了。

❀ 用祝福代替害怕

那麼，如何祛除恐懼呢？有兩種方式：第

一種是抱持著付出、奉獻的態度，也就是自己到這個世上並不是來追求什麼，而是來幫助人。譬如走夜路的時候，心裡怕鬼，你就念「阿彌陀佛」迴向給它們，心裡並想著：「我是在幫忙超度，所以鬼不會找我麻煩的。」如果你看到一個人，心裡並不想要從他那裡得到什麼好處，只是希望能夠幫助他、祝福他能夠平安，這樣就不會感到害怕了。

第二種是要想到這世界上所有的一切，不管人、事、物，都不是永遠不變，而是因緣和合，一種臨時性的存在。當因緣聚合時它就成，因緣滅時就不成。霉運是因緣聚合，好運也是因緣聚合，既然是因緣的和合，那就不必擔心、害怕，因為你只是因緣之一而已，它隨時都會產生變化，怕也沒有用。

如果能用這兩種心態來待人處世，遇到任

何情況就不會再有恐懼心了。

———

（選自《放下的幸福》）

| 禪一下 | 如果經常保持心的平靜、維持心的平穩，心就能明淨。 |

防人之心不可無？

　　現代房屋的鐵窗與圍牆愈築愈高、愈做愈牢；人與人之間的心牆，也跟著愈築愈高。所謂的心牆，就是人與人之間的隔閡，以致彼此不能坦誠相待，這都是由每個人自己心中的煩惱所引起的。

　　其實不只現代人如此，過去的人也一樣。路不拾遺的時代，在歷史上很少出現過；人與人之間彼此以愛相待、以誠相交的時代也不多，尤其一旦遇上亂世，為了防範他人突然來犯，大家更是會把自己的心保持在封閉的狀態，更是會說：「害人之心不可有，防人之心不可無。」

但究竟要防些什麼呢？如果防的是賊，那麼賊從哪裡來？誰又是賊呢？其實賊的意思就是會侵犯你、讓你蒙受損失的人，但如果真有這樣的人存在，或許連家裡的兄弟姊妹都有可能是賊，根本防不勝防；而且為了防範，人與人之間的距離一定會愈來愈遠。之所以會把別人當作賊來看，其實是為了保護自己，不僅害怕自己受傷害，也不願意把自己奉獻給別人，這是一種自私的態度，也是煩惱滋生的根源。所以，要把這一道道的心牆拆除、把內在的心賊消弭，讓彼此坦誠相待，就必須從消除自己的煩惱著手。

❀ 拆掉心牆、卸除心防

　　佛法中有五個關於煩惱的名詞：貪、瞋、癡、慢、疑，也就是貪欲、瞋恨、愚癡、驕傲及懷疑。如果能少一分貪欲，就能多一分慈悲心；

少一分瞋恨，就能多一分寬諒心；少一分愚癡，就能多一分智慧心；少一分驕傲，就能多一分謙虛心；少一分懷疑，就能多一分對別人的信任。

倘若能把這五種煩惱心轉化為慈悲、智慧的心，心中所設想的賊自然無所遁形，也就可以拆掉心牆、卸除心防。如此一來，人與人之間就會產生默契、形成共識，既不用擔心自己會遭受排斥、受欺壓，當然也不需要防賊了。

我常說：「人人都是好人，沒有壞人。」但是要對所有人都完全不設防是很困難的，因為要和陌生人產生默契並不容易，而且有時候好人也會做壞事。不過，如果你無時無刻都在防著別人，別人自然也會處處防著你，彼此之間的隔閡就會愈來愈深，所以，防人之心固然要有，但不必把所有人都當作壞人看待，只要用誠懇、親切的態度，以人的本質來對待每個人，把每個人基

本上都視為好人，就能和別人建立友好的關係。

❀ 保持距離的原因

不過，即使自己不對別人設防，別人可能還是會拒你於千里之外，此時心裡不要記恨對方拒絕你，應該想到對方可能是受過太多傷害，因為害怕再度受傷，才會和你保持距離；所以要諒解他，因為他很值得同情，也需要你對他付出關懷。如果能像這樣多為別人著想，人與人之間的距離就會縮短，就不會感到那麼恐懼、害怕了。

所以，如果想要讓自己生活在平安、愉快的環境裡，就要轉化心中的五種煩惱心，多和外界接觸，廣結善緣；人際互動間只要懂得尊重別人，並付出關懷、諒解和慈悲，自己的心防就不會太過嚴備，人與人之間也不會日漸疏遠，如此就能與人建立起真誠的友誼。

（選自《從心溝通》）

禪一下

不要有猜忌心，
否則會為自己帶來困擾和煩惱，
因而產生怨忿心、不平衡的心。
不能安心，就不能安身。

減少欲望，
指揮自己的心

輕躁難持，唯欲是從；

制意為善，自調則寧。

————《法句經卷上·心意品》

　　若為當前社會把脈，輕率浮躁是一般人的通病，它們所衍生出來的行為，真的是「唯欲是從」，一切向欲望看齊。《法句經》提出了「制意為善，自調則寧」的對治方法。對任何時代任何社會的人，都是一帖很有效的清涼劑。佛法注重心的調柔、調順、調伏，所以叫作調心。其實人心本身是不會動的，是因為人的五官和身體，

跟外在的聲色犬馬、名利權勢等等環境相應，而使心隨境轉，正所謂隨著魔鬼的音符起舞。

❁ 放下貪欲，活得逍遙

人的身體有其本能的需求，但其需要的東西相當有限。比如睡覺只需一張床；衣服只需冬天可以禦寒、夏天可以遮體就行了；飲食只要吃飽止渴；住宿只需遮風蔽雨。人的生活可以非常簡單，但為什麼欲望無止境？是為了滿足虛榮和貪欲，因而不斷向外追求，愈追愈不知足，愈追愈想追。欲壑難滿如無底洞，求得愈多，愈不能滿足，困累不已，結果死路一條；若把貪欲之心放下，就能活得逍遙。

人常常忘掉自己的需求只是心裡的飢渴，於是輕躁難持，不斷貪取，愈享受就愈想追求更多的享受，心無法安定下來，這就是煩惱的緣由。

貪欲使人失去智慧和慈悲，變得自私自利，愈來愈露出動物的本能而失去了人性的溫馨，一味自私，別人也不會放你過身，因為他們也在追求同樣的東西，或者他們追求的正是你所擁有的，鬥爭在所難免。因此，若希望生活的安全、安寧、安定，最好減少欲望，指揮自己的心，保持穩健和平靜。

❀ 心有所寄

如果我們的心無法不受外境誘惑，該怎麼辦？可從觀念上告誡自己：為什麼如此愚蠢、自私？為什麼如此不滿足？也可藉念佛、拜佛、打坐等方法，使得心有所寄，心有安置和集中，就能不受外境的影響了。《佛遺教經》云：「制心一處，無事不辦。」只要把心安定在某一點上，慈悲和智慧都會成就，一切好事皆可完成。如果

心受到外境的誘惑而不斷在動，人格必不穩定，事業也不會順暢。

想做個成功的人或活得平安的人，都可用這個偈子的四句話來幫助自己。但它不是叫我們消極得什麼都不管，而是叫我們不要因欲望的飢渴而輕舉妄動。即使環境很亂，心還是活在安寧之中，這實在是一種福報！

——

（選自《智慧一○○》）

禪一下

人的心必須在樸實簡單之中，
才能安定下來，
才不會隨著物質而起伏，
今天想要這個，
明天又想要得到比這個更好的享受。
所以，唯有過樸實、清貧的生活，
才能讓自己滿足，
也才是最好的自在享受。

15

別急著變成蝴蝶！

　　有位居士由他母親陪同從苗栗來，說最近心不安，看不下書，什麼事都不能做，希望來跟我學打坐。我告訴他先要把心安定下來，才能學打坐。就像牛在暴跳如雷之時，在疲倦飢餓之時，不可能拉車的。如果說這拉車的牛是你，你又不是笨牛，你知道路的遠近，走了很長的一段路，不僅覺得很累，想休息一下，而且心裡著急，希望趕快到達目的地。但是，正由於有了焦急和不耐煩的心情，使你愈走愈累，也覺得路愈走愈長。

　　曾經有部電影，演的是第二次世界大戰中，

艾森豪將軍登陸法國諾曼第半島的故事，片名叫《最長的一日》。一九四四年六月六日，那一天由美、英、法、加拿大的二十萬人組成的盟軍乘坐四千艘船隻、一萬一千架飛機和無數小艇，橫越英法海峽，登陸德軍占據的諾曼第，結果，盟軍陣亡九千多名，德軍戰死一萬多名，歐戰因此結束。因為那一天過得太緊張，如果一天到晚在睡覺，或者是在聲色中享樂，就會覺得「春宵苦短」了。憂慮、焦急、苦難，或有著許多棘手的事在等著處理，便有度日如年的感受了。

❀ 安心為蛹

同樣地，一個修行的人，如果老是想：我怎麼還不開悟？我到底何時才能開悟？人家打坐有好多的經驗，打坐時能把妄想心忘掉，對世界的感受改變了；我也一樣地打坐，為什麼就是妄

想紛飛，就是不能變呢？因此，每次一打坐，就希望變，想著變，渴望著變。這好像由蛹變成蝴蝶的過程中，如果在蛹的階段，老是想快點變成蝴蝶，希望早些鑽出繭殼來，結果，它可能就提前死在繭中；或者由於牠急著爬出繭來，結果還沒有變成蝴蝶，也許就被人踩死了。

❀ 不可心急

調心的重要，是由於心的活動力太大，它老是在渴求什麼，焦急地期待什麼，有意無意地憂慮什麼，甚至恨環境、恨自己。就像愚蠢的蠻牛，一邊渴望美味的草料，一邊希望工作得愈少愈好，路走得愈短愈好，期待、失望、不自在，使它暴跳如雷，疲憊不堪。在這樣的情形下，牠如何能把車子拉好呢？要是修行禪定的人，不善調心，便是盲修瞎練；便如狂醉的盲人，騎著跛

腳的瞎馬去遊山玩水。

　　很多人認為打坐修禪定，可使亂心穩定，這是不錯的。但是一開始打坐就要教你從不可心急做起，要你放鬆心情，不管得失利害，不問得力與否，這樣，你才能算是走上了修行之路第一步。

———

（選自《禪的生活》）

> 禪一下
>
> 不起瞋惱為智慧。
> 瞋恨、憤惱、嫉妒，
> 傷人亦傷己，自惱又惱人。
> 心平氣和地解決問題才是根本，
> 火上加油必定徒勞無功。

16

CHAPTER

有沒有良心？

　　許多人都認為自己沒有問題，所以很多沒有良心的人，或根本不知良心為何物的人，都會說自己有良心。反倒是說自己是沒有良心的人，可能才是有良心的，因為至少他已經察覺到良心的存在，知道自己沒有做好，所以覺得對不起別人；和這樣的人相處，或許還沒那麼困難。就怕那些常常把「我是很有良心的」這句話掛在嘴上的人，他們總覺得自己是這樣的好人，怎麼可能對不起別人呢？

安　心　禪

✿ 對不起別人

　　其實再好的人，都還是有對不起別人的時候。我們時常會做對不起別人的事，有時候很快就忘了，有時候根本渾然不覺；因為不知不覺，所以還自以為是很有良心的人。

　　但是，這也並不表示自認為沒有良心的人，就一定是好人。如果明明覺得自己沒有良心，卻從來不想努力改過遷善，老是拿這句話當擋箭牌，那也是有問題的。而且，雖然我們應該經常檢點自己是否違背良心，但也用不著老是告訴別人自己沒良心，因為說多了，可能就會不在乎，也會影響到其他人。

　　為人處事但憑良心，但是在面對許多抉擇時，尤其是攸關金錢、男女愛情、權利、名位時，良心和人欲——也就是自己的私欲，往往會產生矛盾衝突。當兩者衝突時，大部分的人會捨

良心而就人欲，認為他所做的選擇是理所當然
的。他會理直氣壯地說：「因為我需要，所以當
然要極力去爭取，別人搶不到、得不到是他自己
的問題。」

✾ 競爭和良心不一定衝突

也有人會說：「現在的世界，是適者生存的
時代。物競天擇，適者生存，如果我們不爭取、
不競爭，那什麼都輪不到我了。」這其實是似是
而非的。爭取一樣東西，並不是非要靠衝突和矛
盾不可；競爭和良心也並不一定是衝突的，只要
合情合理，不會造成自己、他人和環境的負面影
響，能夠爭取的還是要爭取，爭取不到當然也不
必煩惱，因為因緣就是如此，煩惱也沒有用。

——

（選自《找回自己》）

互信的建立

　　人與人之間的互信，建立在誠懇的基礎上，有誠意才能得到別人的信任。無法彼此互信的人們，為了保護自己，不得不懷疑別人會用什麼樣的方式來傷害自己。尤其現代的工商業社會，只要一牽涉到利害關係，包括金錢利益、地位名望、男女感情等的爭奪之時，為了保護自己，無不時時提防別人、處處懷疑別人。

❀ 心無所求，百邪不侵

　　偏偏人很善忘多變，幾天前被人欺騙後還很生氣，今天他給你吃幾塊糖，你又覺得這個人

不錯，心想可能是自己弄錯了，又與這個人和好。但這幾塊糖可能是誘餌，讓你再次上當。這種多變的人到處都有，防不勝防。這樣說來，在現代社會中想要建立互信的習慣與風氣，似乎很悲觀。其實倒也不必悲觀，只要我們不期望得到非分的利益，別人怎麼講、怎麼說、怎麼玩，我們都不會受騙，也就不會損失。金光黨專門針對人們喜歡占便宜的心理而行騙，只要有非分之想的人，就會受到欺騙。就像是修行禪定的人，如果希望很快能得到神通、感應，就很容易招致奇怪的身心反應，甚至引來鬼靈附身，靈體把你當成媒介來控制；如果你的心無所求，放下自私心、執著心，用這種態度修行就會百邪不侵。

　　雖然目前社會上很多人不可靠，但也不用太過擔心，自己仍要以誠待人。誠懇不是傻瓜，坦承的意思是不要欺騙，但也不需要把自己的全

部告訴不相干的別人，人家想知道的，你能說多少就說多少。例如每到選舉的時候，我絕不會表達我的政治立場，人們問我投票給誰，我不會說，也不會主動向任何一位候選人表白。

❋ 平安相處

　　保密不是不坦承，坦承的意思是不欺騙。以我而言，我不會告訴對方假的訊息，真訊息能告訴對方的，我就說，不能說的，就不說。這讓人覺得跟我相處是很平安的，至少認為跟我相處，我不會傷害他。不管對方是否讓人信任，至少我們要做到讓人信任，如果每個人都能這麼做，就不會有人受害，也不會有機會讓人害人，彼此間的互信就很容易建立起來了。

———

（選自《人間世》）

18
CHAPTER

不愛不憂

不當趣所愛，亦莫有不愛；

愛之不見憂，不愛見亦憂。

——《法句經卷下·好喜品》

　　這首偈是說，不要拚命追求所喜愛的東
西，也不要對迎面而來的事物有所厭惡。對凡夫
而言，喜愛的東西不見了會憂愁，討厭的東西出
現了也會憂愁。這是討論欣喜與厭惡的統一和對
立。教我們不要在愛恨好惡之間掙扎，陷自己於
矛盾痛苦之中。

❀ 瞋愛不關心

　　人如果希望生活得快樂，對於所愛的東西盡量少一點，乃是沒有偏愛；最好也沒有不愛的東西。《六祖壇經》也勸人學習著「瞋愛不關心」的心境，不要讓自己有瞋有愛，否則就是煩惱。瞋愛是相互關連的，沒得到的想得到，追求時擔心得不到，得到了的又愁著會失去。心裡永遠有負擔，永遠沒有安定感。凡有所喜愛、有所厭惡，就是有所困擾、有所束縛，不得解脫。換句話說，只要世上有一樣東西是你所喜歡的，或是你所討厭的，你就被它困惑了。欣厭交加，患得患失，便是痛苦的人生。

❀ 隨遇而安、隨緣而動

　　心胸豁達的人，應該養成超越於欣厭及愛憂的觀念，沒有非要追求到手不可的東西，也沒

有什麼已討厭到非得除去而後快的事物。看到喜歡的東西、遇到喜歡的事物，要問一問為什麼喜歡？是跟自私的自我有關呢？還是與大眾的幸福有關？事實上，有的所謂喜愛及憂慮，根本沒有意義，也沒有道理，只是一時的風氣，或者是一時的興趣使然。

因此，希望活得幸福的人，最好不要有愛或不愛的東西，也不要有或喜或憂的事物，應當練習隨遇而安、隨緣而動的修養工夫，環境需要自己怎麼樣，就怎麼樣去面對它、因應它，就可到處安心和安身了。否則對所愛的東西拚命追求而到不了手，對不愛的東西拚命排斥又揮之不去，都是很煩惱的事。

——
（選自《智慧一○○》）

煩惱降魔術

　　我有一位弟子在深山中修行，白天都很好，晚上打坐時就聽到很多眾生在附近搬家、開會、吵架，打開門察看究竟，卻什麼也沒有發現，當他再度坐下，則又聽到了。

身處極樂世界

　　他心想：「現在我是心隨境轉，應該是境隨心轉才對。」

　　於是他觀想這些騷擾他的聲音，都是極樂世界的依正莊嚴，都在念佛、念法、念僧，聽到眾多的聲音，就像自己身處西方的極樂世界。如

此觀想，過不多久，什麼聲音都聽不到了。

✿ 境隨心轉

　　另一個例子是出於這陣子的議會文化，有一位現任的政府高級官員，才剛學佛不久，但卻學會了〈準提咒〉，當他每次到議會備詢時，議員們都會用種種言詞來激怒他、侮辱他、批評他。

　　本來他很容易生氣，甚至考慮辭官不幹了，如今他已能神定氣閒地列席議會了，他的降魔術，便是默念〈準提咒〉、默寫〈準提咒〉，一邊聽議員指責，一邊心念一邊手抄，議員們責罵他時，還以為他正在很認真地做記錄，挨罵時既不反駁，又有涵養地微笑。議員們罵完他後，他只須站起身來說聲：「謝謝某議員，我都聽到了。」如此一來他自己少了煩惱不說，議員們也

對他客氣起來了，真的達成了境隨心轉的目的。

以此可見，若能不受環境所動，自心之中便是淨土；自心淨土雖不在心外，外在的環境也會隨你的心轉。這是很有用的，不妨試做做看。

——

（選自《念佛生淨土》）

| 禪一下 | 環境隨心，沒有一定的安危，若是人心浮動，環境即混亂，便成三界火宅；若是人心安定，環境即太平，便見世外桃源。 |

禪為何能安心？

　　一般人都說身不能安，心就不能安，但是站在禪修者的立場則剛好相反，心不能安，身就不能安。所以身安心就安，其實是很粗淺浮面的安定，而不是真正的安心。

❀ 心不波動

　　一個禪修者，在平常時心不會有波動，即使遇到再大的衝擊、刺激、打擊，都不會讓自己的心產生波動。理由有二，其一就是宗教的力量。用佛法的因緣觀來看，問題的發生都有它的前因後果，不必覺得忿忿不平。所謂事出必有

因，原因是什麼，也許一時弄不清楚，或者根本找不到，但是這個潛在的因由一定是存在的，自己心裡有數之後，平心靜氣地接受這樣的事實，然後處理它。

其次則是，已經發生的事，再煩惱、再急也於事無補，不如自己先安靜一下，家裡的人也可能因此而安靜下來，問題反而就能解決了。所以遇事最好的處理方法就是先安心，面對現實。心一定要平靜才能把事情處理好，如果心裡混亂，事情很難處理好。不管是面對日常瑣事，還是處理生死大事，道理都是相同的。

✿ 觀察自己的心

另外，我們還要隨時注意自己的心態，觀察自己的心。注意它的不舒服、煩惱、難過，了解它而不要分析它，了解自己正面對著什麼樣的狀

態，煩惱也罷，情緒也罷，通通先放下。萬一碰到緊急的突發狀況，當下完全沒有心理準備時，怎麼辦？我的建議是：提高警覺，將注意力放在自己的呼吸上，這也是一種不錯的處理方式。

我在美國有一個出家弟子，當我不在美國的時候，他會善盡職責的守著道場。有一天，有個美國人住到我們道場裡，這個人脾氣很大，經常跟我這個出家弟子吵架。弄得我這個弟子趕他走也不是，不趕他走也不是，後來他就用這個注意呼吸的方法面對這個美國人，只要對方發脾氣的時候，他也不跟對方吵，就只專注自己的呼吸，久而久之，這個美國人覺得無趣，漸漸地也不發脾氣了。

——

（選自《不一樣的身心安定》）

別跳進陷阱！

　　當情緒激動時，念阿彌陀佛，說不定還會罵佛呢！不過，這至少具有目標轉移的效果，可以讓情緒降溫；降溫以後再反省，慢慢就可以讓情緒平靜下來。有的人認為打坐對情緒的穩定有幫助，但事實上，打坐不一定能夠化解情緒。輕微的情緒可以藉由打坐化解，但在情緒波動相當厲害的時候，打坐是沒有用的；只有等情緒穩定之後，打坐才有用。不過，對於經常打坐的人來說，爆發強烈情緒的機會不大。

❀ 物歸原主

通常我遇到這些案例，都會告訴他們：別人罵你，你聽到了；別人打你一個耳光，你也可以感覺得到，因為我們對這些都是清清楚楚的。這時，當下第一個反應——不是訓練出來的，而是平常就有的一個認知——就是認知每一個人，都有他自己本身的性格、想法、情緒，每個人都是他們自己，我們稱之為「物歸原主」。

例如張小姐把我罵得狗血淋頭，我就說：「這是張小姐在罵我。」這樣就夠了。因為是張小姐罵我，不是我自己罵自己，我又為什麼要生氣呢？再例如說，葉小姐甩我一個耳光，我挨打了。這是葉小姐打了我，不是我自己打的，我生什麼氣呢？她打我，如果有道理，就是應該的；如果沒道理，是她沒道理，不是我沒道理，我又何必生氣？

從佛法的立場來看，世間所有人的想法都是顛倒的。我們常被情緒所困，卻不以為自己是被困擾的；當自己感到被情緒困擾的時候，往往又不從本身尋求解決之道，反而是希望從環境、對象上來解決自己情緒的問題。

我們應該反求諸己，這才是最可靠的。希望從環境、對象上得到公平的回應，會是很渺茫的。因為如果自己都不能掌握自己，又怎麼能夠掌握環境、掌握對象呢？所以說，世人普遍的想法是顛倒的，若能把這個觀念扭轉過來，就會天下太平。

❀ 那是一個陷阱

我認為，受環境或是其他人的影響，就像是人家準備了一個陷阱，你明知道這是一個陷阱，自己還要跳下去，這不是很愚蠢嗎？所以，

當情緒要爆發時，我們應該先告訴自己「那是一個陷阱」。

至於自我控制的方法，我的方法就是：要體驗呼吸，把當下的對象，轉變成自己的呼吸。呼吸就等於我們的命，如果沒有呼吸，我們就會死掉，只有把命維持住最要緊。所以，先體驗一下呼吸，感受自己還有呼吸真好。

——

（選自《不一樣的身心安定》）

| 禪一下 | 眾生剛強，難調難伏，
因此首先應調柔自心。
心不調柔，
則智慧、慈悲無從生起。 |

生氣是最傻的

　　當我們心不安定的時候，若沒有辦法馬上把心安定下來，要用佛法的智慧來指導自己。譬如當你沒有辦法不生氣的時候，那就趕快用佛法的智慧來告訴自己：「生氣解決不了問題，生氣是最傻的，最痛苦的是自己。」當你有情緒的時候、生氣的時候，會讓自己的細胞死了很多，加上呼吸緊張，血液裡氧氣減少，這是最傷神、傷身的。

❋ 用佛法消怒氣

　　在工作或運動勞累時，先休息一下，很快

就恢復了，可是生氣時，情緒非常激動，譬如跟人家吵了一架之後，你能馬上睡得著嗎？這時候你的肌肉在發抖，手也會發抖，心裡餘怒未消，而且這種狀況可能會延續好幾個小時。甚至晚上睡覺的時候，你還在想著要用什麼方式來報復他，用什麼話來刺激他，一定要扳回一城，或是還想著用什麼方式來解釋、說明，讓真相水落石出，結果整夜無法成眠，第二天又累得要命，變成神經衰弱，所以這真是最傻的了。

❀ 定慧同時

因此，用佛法的觀念來調整自己，自然而然怒氣會消平下來，再加上將呼吸調勻，而這即是修定，所以定要用慧來指導。當自己還沒有智慧時，必須用佛的智慧來指導；若是自己已經有了智慧，那就隨時都能夠指導自己，這即是定慧

不二、定慧同時。

——

（選自《聖嚴法師教話頭禪》）

禪一下	難捨能捨、難忍能忍、難行能行； 縱然是非常艱苦、危險的工作， 也會捨己為人， 不計較個人的是非得失。

如何化解
情緒煩惱？

俗話說：「人生不如意事，十常八九。」在日常生活中，無論他人對我們是何種態度，都不要拉長了面容，雖然受了一肚子悶氣，仍應該和顏悅色笑咪咪。一般人受到委屈或逆境現前時，也就是當不順眼的人、事、難聽的話在面前出現時，反應多是「怒髮衝冠」，心裡會很生氣或是很難過。

有時候雖然暫時將情緒壓下來，表面上沒有暴跳如雷，但是心裡可能在嘀咕：「真倒楣，大概是哪輩子做錯了事，今年流年不利，才會遇到這樣的事。」就這樣不斷嘀咕，甚至連睡覺時

也在嘀咕，即使過了很久很久，心裡還是對此存著痛苦的感受。

✿ 化解情緒的方法

那麼要如何化解情緒呢？首先可以分析狀況：受到他人曲解或誤會已經是不舒服的事，如果再生氣，猶如受到二度傷害，這是雙倍的不划算；相對地，也不要再反過來傷害對方，因為誤會他人，事實上也會傷害到他自己，如果再予以反擊，對方也會受到二度傷害；一來一往相互傷害，更是愚蠢。

另外，當覺察自己的情緒已經有所波動時，當下先不採取任何行動，待事情較緩和時，再來處理。可以跟對方說：「對不起，你誤會我了，但是我不生你的氣，因為你不是故意誤會我。」用這種方式處理，不但可紓解情緒，也有助於改

善問題。如果只是一味地壓抑情緒，到最後終究會爆發出來，所以要懂得用方法協助自己紓解情緒。遇到逆境，應該將問題交還給問題，勇敢面對問題。

❀ 真正的健康

煩惱的產生對自己所造成的傷害最大，因為自己是感受最深的人，無論煩惱是來自什麼人或什麼事，損失最多、傷害最大的還是自己。因此在生活或是工作上，要經常練習「反觀自照」的修身養性。

一個人身體不健康，和心理有著密切的關係。心理不健康，常常哀怨、不滿，這樣的人即使身體看似強壯，但心靈卻是十分脆弱，一旦遇到重大挫折或是疾病，多數難以平復；如果心理是健康的，即使身體稍微差一點，工作環境、待

遇也都不是很理想，生活仍然可以過得很愉快，這就是一個健康的人。真正的「健康」，是心理的健康重於身體的強壯。

生活上遭受到困擾和挫折時，要把它轉換成對自我的磨鍊。大家要運用佛法來保護自我、成長自我，那麼即使遇到逆境，也會感到幸運的。

——

（選自《帶著禪心去上班》）

禪 一 下	宜用坐禪的方法來鍛鍊我們的頭腦， 使之從紊亂散漫變成有條理， 從含混籠統變成清明， 從不穩的、情緒化的心態， 變成穩定的、理性化的心智。

24

如何讓情緒
懸崖勒馬？

　　在情緒快爆發的當下要趕緊轉念，退一步
海闊天空，應理性的看待與解決眼前的困境。我
經常說：「山不轉路要轉，路不轉人要轉，人不
能轉則心念要轉。」也就是說，心裡不要老覺得
某樁事非得怎麼樣不可，如此一來，心就能轉變
了。

　　譬如說失戀的人中，為什麼會有人自殺、
殺人，做出如此激烈的手段？就是因為心裡想
著：「非得到對方不可，得不到我就死。」或者
是自己得不到對方，天下人休想得到，把對方毀
掉以後也自毀。這就是玉石具焚，完全沒有轉寰

的餘地。

✿ 回頭是岸

如果能轉過念頭來，才能自利利人、自救救人，也就能海闊天空！大家都會講懸崖勒馬、回頭是岸，可是當情緒真正來的時候，懸崖勒馬的很少，回頭是岸的也很少，沒有回頭的想法，一直往前走，那就是走死路！

因此，情緒來的時候，最好有朋友幫忙，要是朋友不多，也不知道什麼時候會有情緒，最好平常自己多下一點工夫。「做工夫」的意思就是，平常對任何事都要往好處去解讀，做個阿Q也不錯。雖然阿Q心態是愚癡的、是不好的，但是讓自己有歷練的機會，並把經驗、教訓，當作是繳學費。

讓心轉過來

繳了學費以後，下次會更有智慧，讓自己能夠解決或處理類似的麻煩問題，或是又遇到這種問題時，自己不會再陷進去。這麼做就是退一步想，也是轉念頭，山不轉路轉，路不轉人轉，人不轉的時候，只要心轉過來，那勝路就在面前了。

——

（選自《覺情書》）

禪一下

對於情緒，
最好能夠化解、融化，
我們講消融情緒，
而不要控制情緒。

25
CHAPTER

該不該壓抑
不安情緒？

　　生而為人，不管在自處或應對進退之際，總會有煩惱。我認識一位教授，平日形象非常好，認識的人都形容他是一位彬彬有禮、溫和謙恭的人。

　　但是，他偶爾會在夜深人靜時推開窗子，對著外面的一棵大樹破口大罵，有時還指名道姓地批評一番，過了個把鐘頭，又嘆口氣對著樹說：「好吧，這次就原諒你了。」

　　曾幾次被不同的人看見，他們不會當場點破，免得這位教授無法面對自己，其實這都是他平常壓抑情緒的結果，當壓抑過度時，就會藉此

來發洩，以取得平衡。

✿ 以他為我

　　佛教的教法，即在幫助人發現這種隱藏在內心深處的煩惱，進而面對這些煩惱，然後用方法消融它；並且體悟煩惱的源頭，是在於執著一「我」，而這個「我」又被貪、瞋、癡等無明覆蓋，不得清淨。所以今生的大功課，是要「以他為我」，處處為別人著想，如此才能化熱惱為清涼，化愚癡為智慧，化痛苦為喜悅。

✿ 成為快樂而有用的人

　　我相信每個人不管才智如何、資財如何、健康如何，都會希望自己是個快樂而有用的人。若能時時處處懷抱著「以他為我」的精神，那麼不論這種人在現實社會上是否享有名利、榮耀、

權力，他都會是個很快樂、很有用，又不恐懼死亡的人。

───

（選自《歡喜看生死》）

<table>
<tr><td>禪一下</td><td>要使氣質轉濁為清，
一定要將自己情緒的煩惱，
轉化為慈悲及智慧。
情緒的煩惱愈淡，
心理就愈健康，
環境周遭的人也會跟著受益。</td></tr>
</table>

26
CHAPTER

定的工夫

以「定」而言,打坐,當然也可以稱為習定,也可以得定,可是若在平常生活裡面,能夠心平氣和與他人和睦相處,反省自己,不鬧情緒,這些也都是定的工夫。經典裡教我們許多糾正情緒波動,平息心情混亂的修養方法,無非都是定的工夫。

❀ 環境考驗定的工夫

定的工夫,在一般的情況下,幾乎人人都能做到。未受刺激時,當然可以不動情緒,一旦遇到環境中的人、事、物,和自己的利害衝突、

意見相左之時，仍能不會生氣，就很難了。人們往往在信佛學佛之後，仍免不了夫妻吵架，那就得用修行的方法來對治。

✿ 每天要定時做功課

曾有一對夫婦，在大吵一頓之後，跑來找我，雙雙向我請示：「師父，我們已經學佛多年了，仍不能不吵架，該如何是好？」

我說：「很簡單，知道吵架不對，以後就不要再吵，萬一又吵起來，則要相互懺悔、相互道歉，然後每天要定時做功課，無論是拜佛、念佛或者是打坐。如此修行之後，遇到外境與自己衝突的時候，便不會那麼容易動情緒，當然也不易跟人吵架了。」

在修定的過程中，修行的方法很多，可能包括誦經、念佛、持咒、拜佛、懺悔及打坐等。

——

（選自《禪的世界》）

27

忙人要學會
打坐安心

禪法也就是心法，心法的意思也就是要鍊心，也就是「信心堅固」。如何能夠安心？必須要用方法來練習，僅在觀念上知道要安心，實際現場臨事時，不一定能夠安定下來，如果有了方法，不斷練習，遇到麻煩的時候，就能夠以「平常心」來對待。

❀ 鍊心，當作日課

有一句話：「平時不燒香，臨死抱佛腳。」到底是「臨死」還是「臨時」？兩種都有人寫，能夠臨死或臨時想到要抱一抱佛腳，這還不錯，

怕的是臨死或臨時，此心已經很亂了，根本想不到要抱佛腳，怎麼辦？所以，一定要在平常的生活中練習「安心」的方法。也就是說，我們要把打坐——鍊心，當作日課，每天都坐，坐的時候，不一定每次都能坐得很好，可能是因為氣候，或者生理的關係，或者其他原因，心念起起伏伏，所以不一定每次都能坐得很好。但不管坐得好不好，要養成每天都打坐的習慣，每天坐十五分鐘或二十分鐘，乃至二個小時，就像每天早晨起床以後，要刷牙、漱口、洗臉、梳頭一樣地養成習慣，成為生活的一部分。

❀ 忙人最需要安心

有些人認為自己太忙，沒有時間打坐，等老了退休以後再打坐，這時已經太晚了，我們一生之中，最寶貴的時段即是最忙碌的時段，最忙

碌的時候，便最需要「心」的安定。這個時候不安心，等沒有事做的時候，才來打坐安心，這是很顛倒的。所以，我們今天推動禪的修行觀念與方法，就是給忙人幫忙的，而且愈忙的人愈需要。

——

（選自《禪門》）

| 禪一下 | 如果我們的「心」能夠自己安定的話，世界就處處都是安定的；反之，心若不能安定，則全世界沒有一個地方是安定的。 |

28
CHAPTER

別讓他人的
煩惱困住自己

　　我在美國有一位女弟子，有一次，她來找我，說：「師父啊！某某先生亟需現款一萬元，我要幫他的忙，可是又幫不上，怎麼辦？」

　　我說：「既然幫不上忙，妳還要幫什麼忙？」她覺得奇怪：「我們佛教徒不是要幫人家的忙嗎？」

　　我說：「是啊，可是妳現在根本沒有錢。如果人家說現在妳要是沒有一萬元，他就要死了，妳怎麼辦？」她急切地說：「那樣的話，我一定得想辦法去幫助他，他這條命我一定要救。」

❀ 庸人自擾

　　我開導她：「妳想什麼辦法？是不是妳也告訴其他的人，妳現在借一萬元給我，不然我的朋友會死，我也要死了，然而那個人也是窮人，他再去跟第三個人說：『你借一萬元給我，不然我的朋友會死，朋友的朋友也會死，假如他們死，我也會死。』這麼一來，三個人都會死了，是不是呢？妳既沒有一萬元，就應告訴他：『我但願能幫你的忙，我也願你不要死，先向各方面想想辦法看，我也替你想想辦法，但我實在拿不出一萬元。』」

　　這是跟自己無關卻成了好大的心事，可謂庸人自擾。本來這是別人的事，但你若在心裡邊老想著它，結果就變成你的事。天下有事，與你無關的事，也都變成與你有關的事。如果是這樣，就會煩惱不盡。

❈ 量力而為

不過，如說天下的事完全與自己無關，這在佛法也講不通。《梵網經》說：「一切男子是我父，一切女子是我母。」要把一切眾生當成我們的至親骨肉父母看待，才是佛教徒。可是《梵網經》講的，那是菩薩的態度，希望人人都能做到這個程度；而菩薩有凡夫和聖人之別，凡夫菩薩的力量是非常有限的，如果真把每一對男女都看作是自己的父母，而去做他們的孝子，那會鬧成大笑話。

所以凡夫的立場還是凡夫，否則便會因此而煩惱無盡，把一切跟自己無關的事，當成了切身的問題，這是不必的。

——
（選自《禪的生活》）

29
CHAPTER

心要向內看，
不要向外看

　　許多人過得很不快樂、過得茫茫然，不知道為什麼要活在這個世界上。這就是煩惱。如何在現代這個社會，讓自己心理平衡，減少一些煩惱，生活得輕鬆自在？首先要「安心」。

❀ 追求內心的平安

　　要如何安心？

　　第一，要能知足常樂。知足常樂，雖是古人說的，如今還是很有用處。事實上，人需要的東西不多，但想要的東西太多，因而造成自己的忙碌、緊張，給自己帶來很多的壓迫感。其實我

們只要盡自己的力，結果能過什麼樣的生活就過什麼樣的生活，能夠得到多少就得多少，就會快樂一點。

　　這不是說應該得到的不要，而是不應該得到的，或明明知道目前得不到的，就不要執著一定要擁有。知足並不等於放棄生存的權利，也不等於放棄工作的責任，更不等於放棄努力進步的機會，而是順應自然、適應社會，因應所處的環境，那麼，生活大概不會有太多無奈和痛苦。

　　第二，心要向內看，不要向外看。心總是向外看，就不會有安全感，因為安全不在心外，外在的時空不可能有絕對安全的保障。譬如要外出旅遊時，擔心發生交通事故而去買保險，這樣就安全了嗎？因為知道不安全，才需要有各種的保險。這是顧慮一旦遭遇意外，可以得到醫療的補償；萬一不幸死亡，家屬也能得到保險金，不

至於立即陷入窘境，並不能真正防止意外的發
生。

　　其實，生活要踏實，唯有自求多福。自求
多福就是居安思危，隨時做好心理準備，接受
「發生不安全的事是正常的」這項事實，一旦發
生了，也不至於手足無措。不要指望我們的環境
會給我們安全，也不要指望他人來保障我們。唯
有自我追求內心的平安，比向外追求安全更可
靠。若能時時刻刻安住於現在的時間與空間，我
們的心就更容易安定踏實。

✿ 奉獻自己可安心

　　第三，心中要有所寄託。這個寄託不是金
錢、地位、名望等向外追求的東西，而是由自己
內心創造出來的，例如興趣或信仰。如果有興趣
或信仰，不管任何時候，心比較不會浮動，也不

會覺得無奈、無助。

　　興趣是可以培養的，例如：文學、藝術、運動等，選擇和自己比較契合的項目，任何一種興趣都可能被培養起來。興趣可讓自己在無事的時候、無助的時候，心靈得到安定，過得舒適踏實。萬一真的一無所有，自己的興趣還在。

　　蒐集骨董、郵票、硬幣、銀幣等，雖也被稱為興趣，但這種興趣是占有的滿足。擁有的時候，覺得很快樂；擁有之後，又想要更多。內心貪得無厭，永遠無法滿足，也不能從中獲得安定的喜悅。

　　興趣不一定是有形的東西，譬如利用閒暇時間當義工，去幫助需要幫助的人，洗洗衣服、打掃廁所、清理環境等。這不是向外追求，而是奉獻自己來尋求內心的滿足及充實。像這種助人的興趣培養起來，對心的安定會有很大的幫助。

另外一種寄託是信仰，尤其是宗教的信仰。不管信仰什麼宗教，都能做為我們最終、最實際的歸屬。

（選自《是非要溫柔》）

| 禪一下 | 禪的理念是教人：
首先學著放下自私、自欺、自怨、
自慢、自我枷鎖，
才能海闊天空地任運飛翔。 |

30

在不安中安定生命

　　人難免會處於不安心的狀態。當你處在恐懼、憂慮、焦急、緊張、興奮之中，心即不安寧。現今是個競爭激烈、科技處於高度發展的時代，社會經常處於政治、經濟、軍事的壓力下，尚有社會治安、交通事故、環境污染等威脅，隨時都會使人的生命、家庭和財產毀於一旦。

　　再加上現今工商社會，人人皆汲汲營營於物欲的競逐，倫理淪亡，親情淡薄，家庭組織沒有安全感，離婚率愈來愈高。很多家庭，更因父母鎮日忙於事業與交際應酬，對兒女疏於關懷，而產生許多行為偏差的青少年，給社會帶來很多

困擾。因此，要挽救家庭，必須從個人自己做起，每個人都盡到家庭一分子的責任，便能達到父慈子孝、夫妻和睦、兄友弟恭的和樂境地。

✿ 生命是不安的根源

以個人的生命來說，從出生到死亡，生命中的每一分、每一秒，都不能有絕對的保障，可能生病，也可能意外死亡。我們必須接受這個事實。能夠坦然接受它，也就不必擔心生命的安危與否了。

生命的未來是不可知的，唯有努力維護其安全。再者，有生命就沒有絕對的安全，我們不用擔心安全的問題，但要努力將危險降至最低的程度。自己不製造危險，也不使別人有製造危險的機會，縱然這樣，還只是比較安全而已。因為人沒有不死的，生命的本身，就是不安全的根

源。抱持這個看法，才能從不安全的環境中，把心安定下來。

　　人要修行，要將身心安靜下來，赤裸裸地、誠實地面對自己的心理活動。在修行的過程中，才會發現自己的心很亂、很不安靜、很不清淨、很不寧靜。當看見自己的內心問題時，不要沮喪，而是運用禪修的觀念和方法，讓自己的心安定下來，生起慚愧、懺悔、感恩心，心自然會慢慢地安定與清淨。

✿ 心如明鏡

　　一般人必須透過禪修，將散亂的心，一次次地練習，就能漸漸地達到安定與清淨；而禪修的層次是從散亂心、集中心、統一心，最後達到無心。真正的安心是無心可安。無心狀態是入定，但不是普通世間定，此時沒有空間、沒有時

間，沒有移動不移動的問題。譬如一條蟲在地上爬，你看到牠是在爬，但你的心不會跟著牠爬。也就是說，任何事情照常發生，但你的心，不會跟著起作用、生分別。

此時的心，就像鏡子，鏡面能反映一切從它前面經過的事物，鏡面本身卻不會受影響，永遠不會跟著任何事物的移動而變動，也不會留下任何事物的痕跡。無心便是心不動，也不留下任何現象。正因為心不動，所以對於一切現象，都能如實地反映；又因為不留痕跡，所以對於反映的現象不會重疊混淆。

正因如此，無心可安的人，沒有煩惱的衝動，卻有智慧的功用。

———

（選自《是非要溫柔》）

做個讓人有安全感的人

　　「法」的意思是觀念和方法，例如，我們所提倡的心靈環保，就是要從一個人的心理健康、心理衛生或精神的武裝著手，從觀念上來導正。如果僅是物質上貧窮，並不是真正的窮人；物質上貧窮，心理上更貧窮，那才是真正的窮人。有些人物質上貧窮，心理上卻不貧窮，我們還是認為他富甲天下。為什麼是富甲天下呢？因為他的心量能夠包容天下，所以是富甲天下，是真正富裕的人。因此「法布施」的意思，是從觀念上給人幫助。「法」本來是指「佛法」，也可以解釋為觀念、思想，或理想、理念。

❀ 沒有不安全感

什麼是「無畏布施」呢？「無畏」的意思就是不會恐懼、害怕，沒有不安全感。我們在任何時間、任何情況下都可能沒有安全感，例如，有一位亞洲影后曾對我說：「師父，請妳把我放在一個安全的地方。」我說：「我怎麼做妳都不安全，只有妳自己在觀念上轉變才會安全。」她因此學了佛。

無畏還有一個的意思：別人和你在一起時覺得安全，那就是無畏。你什麼東西都沒有給他，但是你的人格健全，而且隨時隨地都能伸手幫助人，隨時隨地準備給別人心理或生活上的指導。很多人不一定需要你物質上的幫助，你的一句話、一個觀念，指點他一下，他馬上茅塞頓開。本來好像有一座泰山擋在他面前，使他走投無路，你的一句話使讓他從此海闊天空，這就是

無畏布施。

✻ 無畏布施安全感

　　無畏布施和法布施有點不一樣，法布施一定要講話，無畏布施不一定，有可能只要在他旁邊，他就覺得很安全。也就是他不怕你偷、不怕你搶，只要跟你在一起，就不怕其他人欺負，因為你有智慧、有才能、有慈悲。做無畏布施的這個人在人格、智慧上，都能夠使人感覺安全。

——

（選自《不一樣的佛法應用》）

禪一下	人心的安定， 必先從個人自己做起， 然後才能安定他人的心； 由少數人的安定， 變成多數人的安定。

32 兩種安心方法

　　「安心」也有兩層意思：一是把內在浮動的煩惱安定下來，二是無心可安。煩惱安定之時，可得輕安，可得定境；無心可安之時，可得自在，可見佛性，就是發現了無我無住的無念心。

❀ 不用安心，心已自安

　　通常的凡人，都有恐懼、憂慮、悲傷、失望等情緒，都是不能安心的原因。禪修就在於練習著將這些忽起忽落的虛妄心，隨時能用禪修的觀念和禪修的方法，達成攝心、安心的目的。

無心可安即是無我，若知無常即見無我，所以，若用無常觀，也能安心。任何現象，不論在心內或心外，都在剎那生滅，瞬息變化，無非幻起幻滅的虛妄境界，此即無常。不論是非善惡，時過則境遷，無有實法，毋須心隨境轉。若能知道並接受這種無常的觀念，就不會被境風所動，不用安心，心已自安了。

❀ 直接和間接的安心法

　　用修行的觀念可以安心，用修行的方法可以安心，而此安心之法，有直接和間接的兩種。

　　直接的安心法是無心可安。所有的妄想心，都是偷心，只要提起正念、反省、觀照，那個偷心就會消失，就像小偷僅在暗中活動，遇到光明便不敢行動了。

　　間接的是使用禪修的方法。心在煩亂不安

之時，趕快用方法：數息、念佛、參話頭等，把不安的心，轉移到方法上，久而久之，也能發現無心可安的境界。

　　心在浮動的時候，要提起正念，要使用方法，就像空中飄動的柳絮，只要遇到任何可以依附黏著之物，就黏貼了上去，浮動的心也就安下來了。

———

（選自《禪的體驗‧禪的開示》）

禪一下	把心安定下來最要緊。 心若隨時隨處， 都能不受外境的影響， 才是最重要的。 我們的心，若能不被外境影響， 也不擾亂別人， 就是已在享受法喜及禪悅了。

33

CHAPTER

託夢

　　二十多年前，我有一位英語很好的在家弟子，有一次一位說英語的喇嘛到臺灣弘法，需要他擔任翻譯的工作，但因為這位喇嘛用的是西藏腔調的英文，不容易聽得懂，所以他很緊張，深怕翻譯有問題。於是在前一天晚上他就祈求說：「喇嘛是活佛，一定要讓我聽懂你的話！」當天晚上睡覺就做了一個夢，夢見喇嘛在他面前出現，說：「放心啦！你一定可以翻譯的。」說完還對他點點頭。

　　這位弟子醒來之後很歡喜喇嘛託夢給他，一早起床後就找到喇嘛頂禮感謝，喇嘛看著他頂

禮覺得茫茫然，不知是何事？只見他說：「你昨天晚上託夢給我，叫我放心。活佛，你替我加持了！」

喇嘛說：「喔！這樣子啊！好！好！」

❀ 回到人的立場

請問諸位：喇嘛是否真的託夢給他了？也許有人認為沒有，但是喇嘛並沒有否認，不管如何，我認為不否認是比較好的，否則那位弟子當天的翻譯大概就會有問題了。如果我是前例中的那位喇嘛，我會在那位翻譯人員做完翻譯後告訴他：「你真聰明，反應真好，翻譯得這麼好。你認為我夜裡託夢叫你放心，這是你的善根。那天晚上實際上我很累，也在睡覺，但是你能得到這種信心上的反應，是你的善根。」如此一來，就是回到人的立場，沒有把自己神格化。做為一位

禪修者，如果一定要開悟才算是參禪得利、受用，則參禪、打坐的人應該是很少了，因為真正能夠開悟的人，在比例上是非常少的，但是不開悟是否也要修行？修行是否有用？答案當然是肯定的。

站在人的立場，在緊張、混亂、恐慌、興奮、憤怒等情況下，不會有正確、明智的決定、判斷；心神不寧、精神恍惚以及不知所措，在這些情形下會更容易做錯事、說錯話，甚至於犯罪而發生「一失足成千古恨」的事情。

※ 保持平穩的心態

禪修者能經常保持身心的冷靜、平穩、安定，在身心安定、平衡而非氣急敗壞的情況下，我們所觀察到的自己及環境，都比較中肯、正確，如此一來，參禪打坐的第一步功能，就能得

到了。

　　禪修者如果能夠經常使自己保持平穩的心態，在任何事情、狀況發生的時候，都能保持心情的安寧、平定，就可以減少很多不必要的麻煩和危險。因此，站在人的立場，學打坐還是有用的。

——

（選自《動靜皆自在》）

禪一下｜碰到任何事都會覺得討厭，
這全都是因為心不清淨，
所以看到任何現象就會引起
自身的煩惱。
如果心能安定，那麼所看到的社會，
也會讓人感到安心。

如何讓人安心？

如果你能和別人相處愉快、合作愉快，這樣的你一定很有精神、很有自信，因為你總是在關心別人、照顧別人。當你只有奉獻的心時，別人跟你相處會感覺安全、安心，不會擔心受傷。如果你總是討厭別人、抱怨環境，你射出的箭一定會再彈回來射傷你自己。這是因為你的心出了問題，卻還顛倒地以為是環境不好、別人不好。

❀ 要調的是自己的心

一般人遇到不如意的事，就會生氣，就會檢討別人。生氣是錯的，檢討是對的，但要檢討

的是自己，要調的是自己的心，以逆向思考做正面改進，感謝逆境給我們學習的機會與經驗。

❀ 善知識就在身邊

心安定，環境也會跟著安定。如果你的心是慈悲柔和的，連螞蟻都會覺得你看起來可愛，反之，連貓、狗都會怕你。這是因為心的關係，環境是我們的鏡子，環境反映出來的形象就是你，要了解自己是個怎樣的人，就從環境中的回應去了解。

有人抱怨現在善知識難遇，如果心不調，總是在抱怨，即使遇到了善知識，也不會願意教你什麼。其實善知識就在你身邊，環境裡的每個人、每樣東西、每個狀況，都是你的善知識。它們像鏡子一樣隨時隨地提醒著你，只是你沒把它們當成善知識而已。所以，我們的心，就是我們

最好的老師。

——

（選自《帶著禪心去上班》）

面對現實、接受現實、
體驗現實、對現實感恩；
用自己的心，
就能轉變對環境以及
各種遭遇的看法和感受了，
這在佛法中，叫作境隨心轉。

35
CHAPTER

如何在工作中
相互體諒？

我們常常會原諒自己，卻不能夠原諒他人；要求他人，卻不要求自己；常常把他人的缺點看得很清楚，卻故意忽略自己的缺點。因為人幾乎都是有惰性，而且是自私的，都希望他人給我們利益，卻不願意付出奉獻。

✿ 不要只要求別人

很多人雖然想要付出、奉獻，也有慈悲、寬容等提昇人品的觀念，但總缺乏實踐力。遇到狀況使不上力時，就自我安慰說：「畢竟我還是凡夫，慢慢來就好了……。」總是給自己找台階

下，總是掩飾自己、袒護自己，卻不停地要求他人，這樣只會造成彼此之間的裂痕，無法透過包容體諒，相互提昇。

相互體諒，也可以從身儀、口儀、心儀，這三方面來做起。所謂身儀，就是日常生活的規矩，包括吃飯、走路時的威儀。口儀呢？就是要說讚歎、勉勵人的話，如果一開口就說粗話、俗話，那就是沒有口儀。

✿ 以心儀為根本

好的身儀或口儀都須以「心儀」為根本，所謂心儀，就是讓心隨時隨地有規範，心中經常保持平靜、喜悅，即使遇到非常惡劣的情況，還能夠甘之如飴。心儀，實際上就是鍊心、觀心，使自己的心不受外在環境所影響、所左右，不去想對錯。我常常說：「有理由的固然是理由，沒

有理由呢？沒有理由也是理由！」

　　所以如果有人對你的態度不好，不要因此對這個人產生厭惡的心，因為他有這樣的狀況一定是有原因的，可以找個時間和他談心，主動給予關懷。你可以說：「這幾天看你的心情好像很不愉快，我想一定有原因，能不能告訴我究竟發生什麼問題？你要說出來，才能找到解決的辦法。」這樣一來，問題就容易弄清楚了，也許他根本沒有問題，也許是聽到什麼人說了一些讓人不舒服的話，也許只是你做了什麼事，讓他覺得很嚴重。

　　如果真的是自己做錯了事，就向對方道歉：「對不起！我不知道這樣做是錯的，我不是故意的，以後我會改進。」這樣就沒有事了。如果不是你的問題，而是他遇到其他不舒服的事，你可以安慰他，而且自己的心中不要產生煩惱。如果

你心裡還有「這傢伙可能下次還會對付我」的想法，那你就是自尋煩惱了。

要常常提醒自己，別人發生了問題，一定是有原因的，不要因為他表面的反應而產生煩惱。所以，待人要有寬闊、柔和的心胸，無論在何時何地，都讓自己以及相處的人感到歡喜，廣結善緣，而沒有遺憾。如果抱持這種心態，無論身在何處，你一定是愉快的。

——

（選自《帶著禪心去上班》）

禪一下	當有面對挫折的心理準備時， 所面對的就不是挫折，而是挑戰； 如果沒有心理準備， 所遇到的就是真的挫折。

36
CHAPTER

心不隨境轉

　　心隨境轉，即是煩惱，即是凡夫，會為自己也為他人帶來困擾。學習佛法的人，不可以心隨境轉；可是我們卻經常陷在境中，不是在內境，就是在外境，由於觀念模糊，又不善於用方法，於是忙得團團轉，不知該將心安放何處？

❀ 別責怪環境

　　內境是指心中的妄想、煩惱；外境是環境中的人、事。大多數的人認為煩惱來自外境，為此對外境產生占有、排斥或對立。其中，事雖不會惹來煩惱、困擾，但因為有人心的作用，因為

加進了「人」，啟動了妄念，「事」就變得複雜，就會衍生出很多令人煩惱不已的問題來。

　　事實上，最難應付的是內境的虛妄念及顛倒想。一般的人都只想到瞋愛等的境界現前時是苦惱，卻沒有意會到妄念、狂想也很麻煩。例如有一樣食物在你面前，吃也好，不吃也好，沒有什麼關係；可是萬一有人叫你非吃不可，或者你想吃而他偏不給你吃，或者給你少一點，這時候你的心便起了煩惱。這些源自心內的狂想、妄念，很少人能夠明察秋毫，總認為是外境的問題，因而埋怨環境、責怪環境，無法安心。

❀ 練習觀空

　　心隨境轉，涵蓋了心外之境和心內之境。一般心內之境是指貪、瞋、愚癡，稱為三毒；此三心一經觸動，煩惱隨之而至。不能安心的人，

此三毒隨時都可能從八識田中冒竄出來，然後在心田中猛打煩惱鼓。煩惱鼓一打，心就不能安；心不能安，身體也就跟著不安；身體不安，就要找醫生看病了。

此外，身不能安，便容易跟自己過不去，也易與人樹敵，跟人生氣，對任何事情也都覺得不對勁。而且身體害了病，醫生便會要你治療、調養，本來是小病，一下子更增添了另一層病，心病又接踵而來。

本來是心病，然後變成身病，身病又變成心病，這身、心兩種病的惡性循環如滾雪球般，愈滾愈大。所以，看病愈看愈多、範圍愈看愈大，心離開佛道也就愈來愈遠。

病是業報，業隨心轉。有謂「罪性本空由心造，心若滅時罪亦亡，心亡罪滅兩具空，是則名為真解脫。」這是因為實證「空」性的緣故。

所以要常常練習觀空；心注意空，安於空，觀無常，觀無我，重病就會變輕病，輕病漸漸地就會轉為無病。這是收心、攝心的方法，一定要學會，不要被境界所轉了。

———

（選自《法鼓晨音》）

禪一下 ｜
在日常生活中，
時時要調伏自己的心念。
當在失望、生氣、悲傷、
嫉妒、怨恨時，
要立刻設法化解這些情緒。
當在計較、比較、貢高我慢時，
要立刻用佛法來平衡自己的心態。
要做一個自知自明的智者。

37

CHAPTER

事事規律就安心

　　在我們的生活中，經常會受到很多的干擾，而我們須仰賴著法律和政府，以保障我們的自由與安寧。但是光靠法律來保障我們生活的寧靜，還是不夠積極的。所謂生活的寧靜即是不慌不亂，不吵不鬧。可是住在都市中的人，卻無時不受到干擾，而一般剛剛開始修行的人，尤其怕在人間過活，這些怕受到干擾的人，最好是到山裡去單獨生活。可是大多數的每一個人都有家庭的負擔，及事業的責任，是無法到山裡去的，那只有靠自己將生活安排得更有秩序更有規律而得到生活的安寧。事事有規律，時時做安排，生活便

不會混亂、不會緊張、不會浮躁了。

❀ 自心的安寧

　　有的人前一小時計畫著去看電影，後一鐘點卻又決定跑來聽我演講了，來了不久，心不能安定，又後悔沒去看電影，於是聽也聽得乏味，坐也坐得疼痛。這種矛盾，便是思想不安寧。如果我們的思想能夠非常穩定，自己不受外境擾亂，便能得到思想的安寧。

　　一般人的內心受干擾，多半是因身外的事物而引起的。好吃的、好看的、好聞的、好穿的、好玩的，會干擾我們。不好吃的、不好看的、不好聽的、不好聞的、不好穿的，也會干擾我們。然所謂：「酒不醉人，人自醉。」一切物塵所在，只要我們按心不動，不去睬它。它便無法干擾我們了。

我在美國打禪七時，有位學員於禪七圓滿後，回家向他的太太說：「經過禪七的訓練，從現在起，我才想到，我是妳真正的丈夫了。」他的太太很訝異：「結婚都已二十多年了，你不是我的丈夫，那又將是誰的丈夫呢？」先生再說：「妳該聽說過，同床異夢的話吧！過去，我糊里糊塗，整天受著外面聲色的干擾，而迷失了我自己，經過七天的修行後，我才反省、檢點自己以前所做種種不對，不曾盡力做好做丈夫的責任。從現在起，我要努力向善，故是妳真正的丈夫了。」一般人在家中如此，在社會國家中又何嘗不是如此呢？不是逸於聲色，就是盲於名利，誰又曾真正為社會為國家盡到了什麼責任呢？誰又曾盡心盡力地去維護家庭、社會以及國家的安寧呢？

❀ 人心需要安寧

　　只有受過佛法熏習和經過嚴謹修行訓練之後，我們才能反省發現自己一身都是缺點，我們是對不起家庭也對不起社會和國家的，能如此反省而誠心懺悔。但是若光只反省和懺悔而沒有加上用修行的方法來鍛鍊我們的心，那反省懺悔的力量還是很有限的。只有反省懺悔和修行鍊心雙管齊下，才能使我們業障消除而能得到心地裡真正的安寧。故修行鍊心為一切安寧的基礎。

——
（選自《神通與人通》）

禪一下 ｜ 從人心的淨化、行為的淨化
而實現環境的淨化。
以戒律規範達成清淨的生活，
以禪定安頓繁亂的身心，
以智慧指導人生的方向。

38
CHAPTER

究竟是誰在煩惱？

　　諸位必須多多學習向心內觀照，平時尤應注意心念的活動，是否與貪、瞋、癡、慢、疑等相應，即使不能在當下覺知，也須於事後加以疏導；其中，癡心是較不易被察覺的，更應細心觀照。

❀ 觀照內心的方法

　　這可分成三個步驟來練習：

　　（一）不要以貪、瞋、癡、慢、疑來對待自己，如怨恨自己的障重無福、懷疑自己樣樣不如人。

（二）對事情不要用貪、瞋、癡、慢、疑來處理，如對環境的種種現象的疑慮、不安。

（三）待人不能用貪、瞋、癡、慢、疑來應對，如怨恨他人、懷疑他人，這一點也是最難做到的。

如果我們處處與貪、瞋、癡、慢、疑相應，就會經常掉進煩惱堆裡，既不能安心，也不能安人。

❀ 我家沒有事

我常說：「你家有事，他家有事，我家沒有事。」這是說，如果我們用佛法的觀念，向自己的內心觀照、思惟，就不會與煩惱相應；但若往外觀看，貪、瞋、癡、慢、疑就會隨之而來。

曾經有兩位泰國比丘來我們的中華佛學研究所讀書，才剛大學畢業，非常年輕，分別出家

一年半到兩年，講話的態度很安詳、有威儀，予人一種穩重、安定的感覺。

他們的威儀是用修行的方法養成的，平日經常練習著觀想自己的心中有一尊透明的水晶佛像，一層又一層地向深處觀看，看到最後自己是空的。若能經常這樣往內看，直到自己也沒有了，這時候，別人罵你，你也不會生氣了，而能使得你自己的身心安定，不浮躁。

因此，要常常注意自己的心念，當感覺到有煩惱時，就往內看，究竟是誰在煩惱，或是有什麼煩惱放不下呢？一經迴心返觀，煩惱就不見了。如果人人都能如此做，雖然在日常生活上仍然有很多的缺陷，我們的身心卻能經常保持在無事狀態中，那就是處在淨土中了。

———
（選自《法鼓晨音》）

39
CHAPTER

戰勝自己

千千為敵，一夫勝之，

未若自勝，為戰中上。

——《法句經卷上·述千品》

　　這個偈子是說，若以一個人的力量去戰勝成千上萬的敵人，當然是夠勇猛的戰將了，但是，還不如戰勝自己的煩惱心來得有價值。這四句話是意味著「最大的敵人是自己」。

❁ 最頑強的敵人
　　人的一生，總是在與自然環境、社會環境、

家庭環境做著適應及克服的努力。因此有人形容人生如戰場，勇者勝而懦者敗；從生到死的生命過程中，所遭遇的許多人、事、物，都是戰鬥的對象。其實，自己的心念，往往不受自己的指揮，那才是最頑強的敵人。

一般人認為，如果沒有危機感、競爭力或進取心，可能會失去生存的空間，所以許多人都會殫精竭慮地為自己、為孩子安排前途，以做為發展的戰場。

人生的戰場上，千軍萬馬，殺氣騰騰。一位在作戰時，能夠萬夫莫敵，屢戰屢勝的常勝將軍，功勳彪炳，使得敵軍望塵披靡，但他內心是否平安、自在、歡喜，就大有問題。例如拿破崙在全盛時期幾乎統治半個地球，戰敗後被囚禁在一座小島上，相當煩悶痛苦，難以排遣，而說：「我可以戰勝無數的敵人，卻無法戰勝自己的

心。」可見能夠戰勝自己的心，才是最懂得戰爭的上等戰將。

❀ 心得自在

要戰勝自己很不簡單。一般人得意忘形，失意時自暴自棄；人家看得起時覺得自己很成功，落魄時覺得沒有人比他更倒楣。唯有不受成敗得失的左右、不受生死存亡等有形無形的情況所影響，縱然身不自在，卻能心得自在，才算戰勝自己。

平常人很難不受環境影響，矛盾、衝突、掙扎，經常發生，如何調伏煩惱，非常重要。發生在心外的事比較好應付，發生在心中的事則較難處理。這需要做自我排解、自我平衡的工夫，在觀念和方法上都要努力。在觀念上要想到這是種種因緣配合之下所產生的結果，自己僅是其中

的因素之一，並不是唯一的因素，所以無法掌控，心中情緒自然會安定。在方法上則要做些自我約束與寧心安心的工夫，若能隨時隨地安心安身，便是真正戰勝了自己。

——

（選自《智慧一〇〇》）

禪
一
下

我們最大的敵人，不是在外面，
而是我們自己。
因為我們常常改變
我們的主意和我們的想法。
若對昨天的我而後悔，
或因昨天的我而高傲，
就會產生情緒變化，那就是煩惱。

40

讓心八風吹不動

　　過去的人，為了國家、民族、社會而努力奉獻，心中就找到安定的力量。但現代人對國家、民族、社會的意識已逐漸淡薄模糊，所以今天社會上很多人覺得自己茫茫然地一天過一天，不知道每天是為了什麼而忙，完全失去了生活的目標。其實，如果人心有所寄託，無論在任何情況下，心都能夠安定下來。所以說，救人必先救心。要使社會獲得真正的安定，仍要從人心的安定做起。

✻ 心不受環境所左右

　　如何安心？最重要的就是不受外在環境影響。如果心不受環境所左右，那就是智者，心中必定自在安定。若心為環境所轉，必生煩惱。例如過於強烈的欲望將因無法滿足而產生忿怒，隨之而來的挫折，又會帶來恐懼與猜疑；又例如人家謗你一句，就暴跳如雷；人家讚你一句，就洋洋得意；被人冤枉，就痛苦懊惱；被人恭維，就趾高氣揚。雖然這些反應都是人之常情，但這都是因為不能自我肯定，才會處處需要別人肯定自己。佛法教我們應該做到心不隨「境風」所動，也就是「八風吹不動」，所謂「八風」是指：利、衰、毀、譽、稱、譏、苦、樂。

　　當然，生活中難免出現逆境，我經常勸勉大家，處理棘手的問題時，應該坦然地面對它、接受它、處理它、放下它；也就是說，遇到任何

困難、艱辛、不平的情況，都不逃避，因為逃避不能解決問題，只有用智慧把責任擔負起來，才能真正從困擾的問題中獲得解脫。

為了達到內心的安定，我們應該要接受心靈環保的觀念，就是要少欲知足，知足常樂。雖然，在實際生活上不容易立刻做到，更不容易時時刻刻都做到，但是不妨每天練習著，慢慢一點一滴做著安心的工夫。

❀ 心靈環保保平安

實踐心靈環保的方法有三種：

一、佛教的禪修念佛，能夠讓人心自然安定。

二、時時生起慚愧心，反省與悔過，就像儒家所說「吾日三省吾身」。其實一天反省三次還是不夠的，應該要時時刻刻知道自己的心在做

什麼。

　三、經常以感恩心，面對生活環境中的每一個人及每一件事，全心奉獻服務，目的是為了報恩。

　用這三種方法落實心靈環保，就可以隨時隨地安定自己的身心，成長自己的人格，也能為社會大眾，帶來安定的力量。

　人間需要溫暖，社會需要關懷，人人若能自安己心，必然也能安定他人，所以大家必須攜手合作，共同建立一個安定的社會。

——

（選自《平安的人間》）

| 禪一下 | 心靈環保，
便是以慈悲心及智慧心來利人利己。
有慈悲心便不見有敵人，
有智慧心便不會起煩惱。 |

法鼓山禪修資訊

法鼓山禪修中心簡介：

　　禪修中心為法鼓山推廣漢傳禪法的主要單位，宗旨在於推廣禪法，以達到淨化人心、淨化社會的目的，將各類禪修課程推廣至海內外各地。除將禪修活動系統化、層次化，並研發各式適合現代人的禪修課程，讓更多人藉由禪修，來達到放鬆身心、提昇人品的目的。

　　除定期舉辦精進禪修活動，包括初階、中階，及話頭、默照等禪修，開辦禪修指引課程、初級禪訓密集課程、推廣立姿與坐姿動禪、「Fun 鬆一日禪」，並培養動禪講師等，期能擴

大與社會大眾分享禪悅法喜。

　　想要開始學習禪修者，可以先參加法鼓山各地分院與精舍所舉辦的「禪修指引」或「初級禪訓班」，然後再參加為期一天、兩天或三天的「禪一」、「禪二」、「禪三」活動。如果希望能穩定長期學習禪法，可以參加「禪坐共修」。在具有禪修基礎後，再進階參加為期七天的禪七活動。

　　如果想要了解更多的法鼓山禪修訊息，可以電話詢問法鼓山禪修中心，或上網查詢，網頁提供完整的最新禪修活動。初學禪修者可挑選離家近的法鼓山分院或精舍，就近參加禪修課程。

禪修中心推廣部門 —— 傳燈院

地　　址：新北市三峽區介壽路二段 138 巷 168 號
電　　話：（02）8676-2518 轉 2108 ～ 2112
　　　　　（請於週一至週五上午九點至下午五點三十分來電）
網　　址：http://chan.ddm.org.tw
部落格：http://blog.yam.com/chanfaq
臉　　書：https://www.facebook.com/DDMCHAN

禪修 FOLLOW ME ⑤

安心禪——上班族40則安心指引
Chan for Peace of Mind:
40 techniques for peace of mind for office workers

著者	聖嚴法師
選編	法鼓文化編輯部
出版	法鼓文化
總監	釋果賢
總編輯	陳重光
編輯	張晴
美術設計	化外設計有限公司
封面繪圖	江長芳
內頁美編	小工
地址	臺北市北投區公館路186號5樓
電話	(02)2893-4646
傳真	(02)2896-0731
網址	http://www.ddc.com.tw
E-mail	market@ddc.com.tw
讀者服務專線	(02)2896-1600
初版一刷	2014年1月
初版五刷	2020年5月
建議售價	新臺幣150元
郵撥帳號	50013371
戶名	財團法人法鼓山文教基金會—法鼓文化
北美經銷處	紐約東初禪寺
	Chan Meditation Center (New York, USA)
	Tel: (718)592-6593 Fax: (718)592-0717

法鼓文化

國家圖書館出版品預行編目資料

安心禪:上班族40則安心指引 / 聖嚴法師著;
　法鼓文化編輯部選編. -- 初版. -- 臺北市:
　法鼓文化, 2014. 01
　　面; 公分
　ISBN 978-957-598-636-0(平裝)

1.佛教修持 2.生活指導

225.87　　　　　　　　　　102024802